经典云南

张俊 著

云南出版集团公司
云南教育出版社

奇趣的西双版纳

图书在版编目（CIP）数据

奇趣的西双版纳/张俊著. -- 昆明：云南教育出版社，2012.2

（经典云南丛书）

ISBN 978-7-5415-6232-7

Ⅰ.①奇… Ⅱ.①张… Ⅲ.①西双版纳傣族自治州-概况 Ⅳ.①K927.42

中国版本图书馆CIP数据核字(2012)第024817号

书　　名	奇趣的西双版纳
作　　者	张　俊
策 划 人	李安泰　杨云宝
组 稿 人	吴学云　邹悦悦
出 版 人	王超超
责任编辑	赵　宇
装帧设计	向　炜
责任印制	赵宏斌　张　旸

云南出版集团公司 出版发行
云南教育出版社

昆明市环城西路609号 www.yneph.com

全国新华书店经销
云南新华印刷实业总公司一厂印刷
2013年8月第1版　2013年8月第1次印刷
787毫米×1092毫米　1/32开本　2.875印张　77千字

ISBN 978-7-5415-6232-7
定价 4.80元

总　序

云南，从渺远神秘而又带着蛮荒色彩的"彩云之南"走到今天，一步一个脚印跋涉在中华大地上。

云南山水，多娇诱人。

闻名遐迩的喀斯特地质奇观石林，奇妙无比。

迷人的高原深水湖泊抚仙湖，凝波如玉。

秘境香格里拉的高山草甸，杜鹃如火；巍峨雪山，苍茫古远。

低纬度的明永冰川，从古流到今；高黎贡山的各色鲜花，从冬开到夏。

大理的风花雪月，丽江的小桥流水，版纳的原始森林，腾冲的地热奇景，泸西的阿庐古洞，怒江的东方大峡谷，令人陶醉。

七彩云南，蕴涵的又何止是奇山美水？！

这里，有寒武纪早期生物大爆炸的典型：澄江动物化石群。这里，诞生了中国最古老的人类：元谋人。这里，曾崛起过古滇国、哀牢国、南诏国、大理国。这里，有蜀身毒道、秦五尺道、茶马古道、滇缅公路、驼峰航线。这里，有世界上唯一活着的象形文字"东巴文"。这里，出现了中国第一个海关、第一座水电站、第一条民营铁路。

这里，有与黄埔军校齐名的云南陆军讲武堂。

这里，爆发过反对清王朝统治的重九起义。

这里，在袁世凯复辟帝制时，率先通电全国，举起了护国运动的大旗。这里，举办过名垂青史的西南联大，并爆发了震惊全国的"一二·一"运动。这里，曾经涌现了杨振鸿、张文光、蔡锷、李根源、唐继尧、庚恩旸、刀安仁、杨杰等一个个热血汉子；这里，也曾经孕育出书法家钱南园、医药家兰茂、数学家熊庆来、军事家罗炳辉、哲学家艾思奇、音乐家聂耳、诗人柯仲平、舞蹈家杨丽萍、诗书画三绝的担当大师等文化奇才。

朱德、叶剑英，在这里留下了坚实的足迹；徐霞客、杨慎，在这里留下了自己的千古绝唱。

这里还有神奇的云南白药、别透如玉的云子、独树一帜的普洱茶。

这里的僰人悬棺、纳西古乐、摩梭走婚、白族三道茶、彝族跳菜等滇人风貌和民族风情，更是诉说不尽。

"经典云南丛书"像一根线，把散落于三迤大地的粒粒圆润闪亮的珍珠串连起来，呈现于您的眼前，让您清晰地看到云南山水奇观、人文历史和民族风俗的经典篇章，让您在愉快的阅读体验中增加知识、增长见闻、解密未知。

"经典云南丛书"为百科式解读云南的通俗性读物，融知识性、趣味性、探秘性与时代性为一体，以一种新的视角和叙述方式展现云南的独特之美，以满足人们了解云南、探秘云南、遨游云南的愿望，希望我们所做的一切已达到了。

编　者

目 录

前言 ··· 1
概说西双版纳 ··· 3
一、神奇的"三大王国"探秘 ······································· 6
  1. 体验原始森林公园 ··· 6
  2. 奇花异木荟萃的植物园 ······································· 8
  3. 学过"魔术"的榕树 ··· 10
  4. 林中"巨人"望天树 ··· 12
  5. "板根大王"与"毒木之王" ································· 14
  6. 超级"老寿星"与"活化石" ································· 16
  7. 写在贝叶上的经书 ·· 18
  8. 爱吃虫的花 ··· 20
  9. 花中的"魔术师" ·· 20
  10. 跳舞草与神秘果 ··· 21
  11. 热带花卉大观园 ··· 24
  12. 野象出没的山谷 ··· 26
二、异彩纷呈的民族风情 ··· 30
  1. 西双版纳民族风情的"窗口" ································ 30
  2. 风情浓郁的橄榄坝傣族园 ···································· 32
  3. 丢包传情的男女 ·· 34
  4. 纺织场上定终身 ··· 35

5. 拴住"灵魂"的婚礼 …………………………………37
6. 甘愿被"抢"的新娘 …………………………………40
7. 抢头巾撕衣服才是爱 ………………………………42
8. 三次婚礼才成婚 ……………………………………45
9. 爱得深咬得疼 ………………………………………48
10. 难破译的树叶情书 …………………………………49
11. 中外闻名的泼水节 …………………………………52
12. 澜沧江畔的焰火晚会 ………………………………55
13. 澜沧江上赛龙舟 ……………………………………58
14. 基诺过年"打大铁" …………………………………60

三、"傣味"浓郁的名胜古迹……………………………62
1. 昔日的御花园——春欢公园 ………………………63
2. 西双版纳总佛寺 ……………………………………64
3. 造型独特的景真八角亭 ……………………………66
4. 古老宏伟的曼飞龙笋塔 ……………………………69
5. 傣乡独有的井塔 ……………………………………71

四、奇异的住房　另类的美食……………………………74
1. 走进傣家竹楼 ………………………………………74
2. 基诺族"长房"赛长廊 ………………………………77
3. 著名的普洱茶区 ……………………………………78
4. 怪诞的美味佳肴 ……………………………………81
5. 西双版纳土特产品 …………………………………83
6. 西双版纳旅游指南 …………………………………85

前言

西双版纳的"怪"实在太多！

没去过西双版纳的明眼人打开本书，会发现书中不少东西奇怪得实在离谱，现在大家"恐假"、"打假"的警觉性日益提高，有此疑问也属正常。但这不能怪作者胡编乱造"神话故事"，要怪只能怪西双版纳这个地方怪事太多。

天很怪。人人皆知一年分四季，可是那里不但没有冬天，而且也没有春、夏、秋。

地也怪。地上长出了听见音乐就起舞的小草，长出了会吃蚊虫的花朵，长出了会让人改变味觉的果子，长出了让野兽碰了就死的树木……

老子云："人法地，地法天，天法道，道法自然。"在这一特殊地域世世代代生长的人，必然会形成一些特殊的生活习俗。

到一个天、地、人都神奇的地方，要适应环境，必须入乡随俗！

什么叫"入乡随俗"，概括讲就是把你从小学到的许多天经地义的常识当做"老皇历"暂时封存，以当地人的规矩为规矩。

比如，有时候你看到有人抢姑娘的头巾，不必见义勇为。甚至看到抢年轻女子本人，都不可英雄救美；反之可以"学坏"，要是看上某个姑娘，你也可以跟着"抢亲"——包你没事，关键词是"有时候"，也就是你必须选好时间与地点，至于如何选，书中自有解说。

新娘可以抢，可是到傣族人家做客要十分斯文，主人再热情，他的卧室也不要去窥视；走进佛寺，小和尚与你再亲热，他的头也不

1

可摸。

有时候你不招谁惹谁却被人家兜头一盆水浇个透心凉,千万别破口大骂,但是可以回敬一盆,若不如此,反欠了人情。君不见有人没赶上当"落汤鸡",还花些"零碎银子",去找人用水朝自己身上浇呢!

因为天生地长的东西都怪,人造的东西也很怪,比如房子空中盖、青苔、知了也当菜……佛教建筑还有怪,不像国内像国外。

早年我有幸趁考察、采访之机进入西双版纳,并把这些充满情趣的"怪事",抖了点在报刊上,颇受欢迎,可见"怪"的魅力无穷。之后为编写《云南古塔建筑》又作专题采访深入村寨,累计六进六出,得以大饱眼福、耳福、口福,对这些"怪事"之所以怪,总算看出些道道来,这就是学者们称之为的"文化"。

一个好餐馆,采购到的菜再新鲜再齐全,不等于只要做出来食客就爱吃,还要看怎样烹调。作者一贯讨厌苦读枯燥的"催眠书",喜欢"悦读"寓庄于谐,有情趣的书。遵圣人训:"己所不欲勿施于人。"所以自己执笔时,尽力发掘其中的情趣,书中实录的神奇、怪异甚多,其中有神话,更多的却是似神话的现实。

此书,囿于时间、资料与作者的学识,谬误之处在所难免,望专家与读者赐教!

概说西双版纳

西双版纳是中国西南边陲一块神奇而美丽的地方，它是一个以民族特色浓郁、亚热带风光迷人而闻名的旅游"热区"。

西双版纳历史悠久，古称勐泐，早在汉代就已划入祖国版图。东汉属永昌郡（今保山）管辖。唐宋属南诏、大理国管辖。元朝于公元1296年设置彻（车）里路军民总管府。明清置车里宣慰使司。

明隆庆四年（1570年）开始称"西双版纳"。"西双版纳"是什么意思？是表示稻田数量名称的说法！用傣语讲就是"十二千田"，"西双"即"十二"，"版纳"是"千田"。当时的傣族锂宣慰使刀应勐将辖区划为十二个提供负担的单位，每一个单位称作一"版纳"，自此始有此称。

中华人民共和国成立之后成立民族自治州时沿用旧名，定名为西双版纳傣族自治州。现在虽然地名依旧，却已非昔日各据一方的"十二千田"了，它已统一号令，各民族人民一心建边疆，成了经济繁荣、人民生活面貌一新的旅游胜地。

西双版纳位于云南南部，州府景洪距省会昆明575公里，全州面积为19700平方公里，辖1市2县。东西南三面与老挝、缅甸为邻，拥有966.3公里长的国境线，州内有3个国家级口岸，1个省级口岸。西双版纳地形多为低矮的山丘与群山环抱的坝子。境内有无量山等山余脉分布，有澜沧江等江河奔流。

西双版纳地处北纬21°08′~22°36′，东经99°56′~101°50′，属北回归线以南的热带湿润区，这是个没有冬天的地方，具有"常夏无冬，一雨成秋"的特点。这里也没有四季，一年只分两季，即雨季和旱季。西双版纳到处青山绿水、森林繁茂、植物盛多，是我国唯一的热带雨林自然保护区,并被联合国教科文组织接纳为国际生物圈保护区。

从世界地图上一眼看去,会发现与西双版纳同一纬度的世界上其他地区,几乎都是茫茫一片荒无人烟的沙漠或戈壁,唯有这里20000平方公里的土地像块镶嵌在皇冠上的绿宝石,格外耀眼。在这片富饶的土地上,有占全国1/4的动物和1/6的植物,是名副其实的"动物王国"和"植物王国"。西双版纳由于气候条件优越,蕴藏着丰富的南药物资源,还被称为"南药王国"。

西双版纳森林占全州总面积近60%。优越的地理环境和气候条件,孕育了丰富的生物资源。境内共有植物20000多种,其中食用植物10000多种,热带植物5000多种,野生水果50多种,速生珍贵用材树40多种,珍贵药材数10种。也许西双版纳是"造物主"的宠儿,几乎没有受到第四纪冰川南移的破坏和影响,被地质学家称为"古热带地区"。这块风水宝地,让一些生物逃过了一劫,世界上大部分地区早已绝迹的许多古热带植物在这里被保存了下来,桫椤就是少数幸存者之一。走进热带雨林犹如进入童话世界,那里会给您许多意想不到的惊喜与震撼!许多植物都来历不凡,要么是树木中的稀客,难得一见;要么神通广大,令人叫绝;要么相貌奇特,出乎想象。有抗癌药物美登木、嘉兰,治高血压的罗芙木,健胃的槟榔;有被誉为"花中之王"的依兰香,可制成高级香料;有1700多年前的古茶树;有闻乐起舞的草、会吃蚊虫的花、见血封喉的树……

广大茂密的森林,给各种野生动物提供了理想的生息场所。目前已知有鸟类429种,占全国鸟类总数的2/3;兽类67种,占全国兽类总数的16%。 西双版纳的鸟、兽种类之多,是国内其他地方无法相比的。其中被列为世界性保护动物的有亚洲象、兀鹫、印支虎、金钱豹等;有国家一级保护动物野牛、羚羊、懒猴等13种,还有许多二、三级保护动物。到西双版纳旅游,有时会看到美丽的孔雀、白鹇、犀鸟在林中飞翔;有时会看到大象在公路上漫步;有时会看到羚羊、野鹿、野兔在奔跑……这是在其他地方难以领略得到的奇观和乐趣！

西双版纳境内风光迷人，主要景区分三大块，即景洪市风景片区、勐海县风景片区、勐腊县风景片区。每一块内又有若干景区，共有19个风景区，800多个景点，总面积1202.53平方公里。有多个景区属国家旅游局3A级以上旅游景区，还有顶级的5A级景区——勐仑植物园。

西双版纳境内现有80多万人口，是一个以傣族为主的多民族聚居地，世代居住着傣族、哈尼族、拉祜族、布朗族、基诺族等13个少数民族，各民族都有较为集中的聚居区。文化强国，文化必然多元，西双版纳的文化从宏观看主要由本土文化、东南亚文化、中原汉文化组成。13个民族的文化又各具特色，一个民族如一朵花，每朵花都有它与众不同的美丽。傣族姑娘艳丽的筒裙，哈尼族五彩的服饰、拉祜族古朴的长衫……傣族的泼水节、布朗族的三次婚礼、基诺族的大"长房"……各民族不同的风俗习惯、宗教信仰和各具特色的节庆活动，使西双版纳的民族风情丰富多彩、异彩纷呈。

各民族生活习惯不同，烹调也各具特色，以酸闻名的傣味菜在云南菜系中独享盛誉，以糯米、酸味及烘烤肉类、水产食品为主的傣味，多用野生栽培植物做香料，口味十分独特。

傣族、布朗族信仰南传上座部佛教，村村寨寨遍布着具有民族风格和宗教色彩的佛寺、佛塔和井塔。由于这一佛教宗派在全国独一无二，所以这些造型美观、风格奇异的建筑，唯有在西双版纳等傣族聚居区才能见到。佛教建筑似异国他乡，又非照搬"他山之石"，而是糅进了傣族、汉族的文化色彩。今天在全国千城一貌的大背景中走进傣乡，立即给人步入异国他乡之感。

一、神奇的"三大王国"探秘

西双版纳是个"大特区"又是"三大王国"你知道吗？但它并非经济特区，而是"自然大特区"——全国唯一热带雨林自然保护区和国际生物圈保护区。它也并非君主王国，而是"动物王国"、"植物王国"和"南药王国"。

西双版纳目前已知有鸟类429种，鸟类品种居全国第一。兽类67种，其中有国家一级保护动物13种。有被列为世界性保护动物的亚洲象、兀鹫、印支虎、金钱豹等；有国家一级保护动物野牛、羚羊、懒猴等13种。西双版纳共有植物20000多种，其中热带植物5000多种，许多植物还是珍贵的药材。

1. 体验原始森林公园

看关在笼中的动物意思不大，有动物王国之称的西双版纳，让我们直接看到了生活在自然状态中的动物，而且还让我们当了一次猎人。这地方叫"**西双版纳原始森林公园**"，在莱阳河山谷内，位于景洪城区以东约8公里处，是距城区最近的一处森林公园。

公园地处海拔720~1355米的河谷地带，占地面积3万亩，以开展西双版纳热带原始森林科考观光旅游为主，兼容民族风情展示、休闲度假避暑等内容。

园内有北回归线以南保存最完好的热带沟谷雨林，孔雀繁殖基地、猴子驯养基地、大型民族风情演艺场、僾尼山寨、九龙飞瀑、百米花岗岩浮雕、民族风味烧烤场等10大景区，50多个景点。

热带沟谷雨林横亘整个公园区，美丽的莱阳河宛如一条金腰带，流淌在绿色的丛林之中，整个公园向游客充分展现了原始森林、野生动物、民俗风情三大主题。

在观光旅游区,游客可顺着游览通道深入林中探秘。河谷两岸繁多的热带植物遮天蔽日,龙血树、大板根、独木成林、老茎生花、植物绞杀等植物奇观异景不时进入视野,峡谷幽深、鸟鸣山涧、林木葱茂、湖水清澈。雨林内有猿猴栖息,有彩蝶繁殖,可以看到奔跑的鹿、悠闲的鹤,猿猴在古藤上荡悠的情景。据说幸运的游人偶尔也能目睹国家一级保护动物野牛和犀鸟的身影。行进在雨林中可以真切感受到大自然的神秘。

公园内最有特色、最诱人的是狩猎活动,它让我们体验了一次原始猎人的惊险与刺激。这里备有原始的狩猎工具弓弩,让我们用弓弩亲手猎捕动物,当然这些动物是园内饲养的。打中猎物自己动手收拾,自己就地点火用西双版纳的烹饪方式烤熟,趁热进口品尝。从狩猎到品尝鲜肉,这一有趣的全过程,是我一生中难复重复的一次体验。

到僾尼山寨还可以体验"玫瑰梦",山寨笼罩在晨雾中,一片仙境的样子。如果你看中了寨中的某位"仙女",可以找人帮你策划一次"抢亲活动"——这并非无法无天,僾尼人(哈尼族支系)有"抢亲"的古风,如今只是游戏罢了。这样的参与无疑是一次颇具特色、很有情趣的民俗体验。

园内还建有西双版纳傣族宫殿的仿真建筑,以宏大的场面、多彩的服饰、精湛的西双版纳民族歌舞来展示召片领登基仪式的隆重场面。

另外还可以在丢包寻侣活动点,观看傣族青年精彩的丢包表演。还可以加入小伙儿、姑娘们的队列,去玩一次丢花包寻"意中人"的浪漫游戏。不想找"情侣",也可以在莱阳河中随水漂流,体验一把与大自然搏击的快感。旅游区还建有一座孔雀园,饲养着400多只绿孔雀,让人观赏孔雀开屏、与孔雀共舞、与孔雀合影。

原始森林公园让厌倦了紧张而嘈杂的城市生活的身心,充分享受到了清新和宁静。

2. 奇花异木荟萃的植物园

"不到葫芦岛，等于没有到西双版纳。"当地流传着这样一句话，就观赏热带植物而言，此话完全正确，至于民风民俗，还要走出岛外看。

葫芦岛虽不是仙境，其迷人之处却不亚于仙境，我以为把它称为"西双版纳热带植物大观园"，或是"西双版纳热带植物缩影园"更能传神。如果认真在此岛走个遍，西双版纳热带植物精华也就大体了然于胸了。

葫芦岛在哪里？它位于勐腊县罗梭江与勐仑镇交汇处，因岛似葫芦而得名。葫芦岛之所以名气大，是因为1959年热带植物园迁入岛上。植物园的全称是"中国科学院西双版纳热带植物园"，当地人则称"勐仑植物园"。勐仑植物园是我国著名植物学家，热带植物研究的开拓者蔡希陶教授带领一批年轻的植物科学工作者创建的。

勐仑植物园

植物园占地面积13500亩，保留有大片原始森林，有引自国内外近万种热带植物，其中国家重点保护植物占了100多种。这些奇花异木，分布在棕榈园、榕树园、龙血树园、苏铁园、民族文化植物区、稀有濒危植物迁地保护区等35个专类园区。园内建有科研大楼、植物标本馆、展览馆、蔡希陶纪念馆、蔡希陶塑像和民族度假村等人文景观和接待游人的各种服务设施。这片佳木竞秀、繁花似锦的热土是集科学研究、物种保存、科普教育为一体的国家级旅游风景名胜区。1999年勐仑植物园被云南省旅游局评选为全省10个名牌景点之一。2011年7月，勐仑植物园荣获国家旅游局授予的5A级景区桂冠。

走进这奇异的葫芦岛，千姿百态的花木竞相争夺眼球，让人眼花缭乱、应接不暇。植物园内芳香扑鼻，令人心旷神怡。碧潭映日的水生植物区内，睡莲、王莲争妍比美；棕榈林中有120多种婀娜多姿的棕榈科植物，占了世界棕榈科植物的8%左右；那大腹便便的槿棕，仿佛"肚子"里藏了什么宝。

百余种粗细不等的秀竹，在竹类植物区中争荣竞艳。龙脑香林内，羯布罗香、版纳青梅、婆罗双等珍贵树种"争稀比贵"；苏铁、水杉、鸡毛松等植物在裸子植物林区茁壮生长。药用芳香林中，安息香、紫桂、丁香、檀香等"香树"，争奇"斗香"。珍稀濒危植物林区，原始森林遮天蔽日，暗淡的光线下：隐藏着残忍的"绞杀植物"，狠毒的"见血封喉"树，布下路障的"板根大王"四薮木，巨叶植物海芋，还有重新焕发青春的"老茎开花"，令人心惊的似蟒蛇飞舞的巨藤。

园中还有会变颜色的花，会随音乐而动的"跳舞草"，能使酸味变甜味的"神秘果"，按时开花的时钟花等奇花异木，让人惊叹不已。

我们游遍整个西双版纳后，觉得植物园的确堪称版纳这颗"绿色明珠"的巧妙缩影。当然园中也有极少数景观仅是标本，较为明显的是"林中巨人"望天树，唯有在勐腊县补蚌望天树景区，才能看到成片生长的望天树和奇异的"空中走廊"；要观赏典型的"独木成林"奇观，在整个版纳只有勐海县打洛森林公园，才能见到名副其实的独木构成的森林。

在名人名树园中我们看到的不仅仅是名树，还看到树后面的故事，看到社会名流对植物园的深切关爱。勐仑植物园建园以来，先后有许多党和国家领导、中科院的领导来园视察，很多知名人士和国际著名学者纷纷前来访问和开展科技合作与交流，对植物园的发展给予了高度的关心和支持。他们当中有很多人在植物园植树纪念，再加上园中收集的一些珍奇名贵树种，促成了名人名树园的诞生。名人名树园占地面积55亩，共收集展示343种热带植物。在该园区中有纪念创始人蔡希陶教授的石雕群像——"树海行"和几十位国家领导人及国际知名人士亲手种植的名树。如江泽民同志种下的种子呈心形的相思树，世界野生生物基金会会长英国菲利普亲王种植的"热带雨林巨人"——望天树，日本秋筱宫亲王及夫人种的版纳黑檀等。在这个园中还收集了多种奇花异树，如蔡希陶教授发现并且手植的能够提取名贵南药"活血圣药"的柬埔寨龙血树（1981年，蔡希陶教授病逝后，其骨灰的一部分葬在了他手植的这棵龙血树下），傣族佛教植物制作贝叶经的——贝叶棕，似孔雀开屏的沙漠贮水之树——旅人蕉，还有西双版纳最古老的铁树——雌雄异株的千年铁树王等等，这些奇花异树组成了色彩斑斓的名人名树园。

倘徉在神奇、美丽的葫芦岛上，不断面对新奇的刺激，让人忘记时光的流逝，只恨不能拉住西沉的太阳！

3. 学过"魔术"的榕树

在自然界中一般是一种树有一种形态，可是有种树却变出了多种姿态，这种树叫榕树，民间叫"大青树"。在西双版纳这个"植物王国"里，生长着许多高大的榕树，它属桑科乔木。榕树是个"大家族"，有高榕、薄叶榕、歪叶榕、小果榕、平叶榕、聚里榕、气达榕、枕果榕、金毛榕、黄葛榕等几十种。这些榕树不择土壤，不怕干旱湿热，既可在雨林中、沟谷内茁壮成长，也能在寨边、道旁、山梁上长得枝繁叶茂。

在众多的榕树中，有20多种特别善于充分吸收土壤中的养料。它们能够生长更多的根，这根叫气生根。

气生根排成的"瀑布"

初长的气生根细如麻线，飘飘悠悠，宛若拂尘。树势旺盛、枝干粗壮的榕树，气生根顺着横伸的树枝往下长，一根挨着一根，排成一排，吊在树上，越长越长，有的已扎入泥土，有的还飘在空中，就像一道帘幕吊在树上，塑造出一种被人们称为"树帘"或"树瀑"的风景。在勐腊县勐仑景区的石灰山雨林中，有株百年古榕就塑造了一道有名的"树瀑"。那棵榕树的枝干上长出的气生根多达200余条，这些气生根，有粗若碗口的，有细如麻线的，有着地后盘住石块固定不动的，有随风飘动的……那些粗细不等的气生根互相交织，曲曲卷卷，那形状犹如一道飞瀑从高处跌落下来。由于酷似水帘，有人称它为"树瀑"。也有人说，像道绳子编成的帘子，把它叫做"树帘"。这"树瀑"、"树帘"成了石灰山雨林中的一道奇观。

独树能成林

变"树帘"和"树瀑"只是榕树的第一步变形，还有下一幕，这些气生根不满足于在风中飘荡，它们纷纷扎入泥土，形成一种既像树干、又像树根的支柱根。众多的支柱根与主干的枝叶连在一起，独树成林的奇观便形成了。

独树成林在景洪、勐海、勐腊都广有分布，但在版纳独树成林排行榜中名列前茅的，唯有勐海县打洛森林公园内的那株。这株高榕，树高约为28米，树龄已达200多年。在主干距地面10米的地方，分出两条粗枝伸向左右两侧，形成一个"丫"字形。枝干上并排长出30多条气生根，或垂直落地扎入泥土，或缠住主干生长，形成了粗细不等的支柱根，支撑着主树伸向两侧的主枝。这些支柱根的形状和颜色都与母树一样。这株高大成林的独树，被载入了《云南古树名录》，几乎成了人们游西双版纳非看不可的一景。

我到勐海慕名来到中缅边境就是为一睹独树成林的风采。离景点老远一眼望去，只见这片"树林"背靠山丘，面对平坝，有翠竹掩映，有竹楼作衬，十分有气势，"树林"就像一排列队的战士站立着，待走到近前才看清了它的主干与气生根，似各自独立又连为一体。

除了打洛这株独树成林外，勐腊县城和州内普文、景讷、基诺山、嘎洒、勐往和勐满等乡镇都有大小不等的独树成林的高榕。

榕树的另类变身

其实榕树不管是独树变成林还是变"树瀑"或"树帘"都不稀罕，因为这只是它的常规戏法，它还有另类变法，勐养镇的象形树就

似可乱真的象形树

是其创新"作品"。

勐养镇距公路200多米处。有一棵20余米的古榕，枝叶婆娑，郁郁葱葱，它的气生根形成一座汽车也开得过去的圆形大拱门。主干根部长出的一大片盘根，就像一座天然假山。一根一围粗细的树干弯到地面又升起落下，三起三落延伸出10多米，最后立起仰成一树冠，形如一虬龙。其中有两根粗大的气生根的结合部形似一头大象，象头、象身、象眼、象尾，一应俱全，处处逼真，完全是一头正在漫步的大象。这头"大象"多少年来一直吸引着过往行人的眼球，近几十年来更是成了版纳的"名流"，因为它在世界上独一无二，而且是头性情十分温顺从不发脾气的象，所以许多游人到此都要和它合影留念。

与建筑物"和平共处"

榕树不仅善于生长气生根，而且它的生命力特强，能在人们意想不到的地方生根发芽，就算在佛塔中也能茁壮成长，云南就有两三处这样的塔包树或树包塔奇观，景洪的橄榄坝就可看到。这种奇观是如何形成的，据推测，是鸟类吃进了榕树的种子后，带有种子的粪便拉到塔上，只要塔上有少量土壤，榕树就能生根发芽，甚至长成大树。

曼听塔包树

4. 林中"巨人"望天树

20年前我行走在西双版纳勐腊补蚌密林中，由于树高林密，视野并不开阔，林中光线昏暗，有的地方空气中还夹杂着一股霉味。当时我就突发奇想，如果空中能有条长走廊，既能俯视整个浩瀚的大森林，又能在林中傲游，岂不美哉！

当地友人告诉我这片雨林中高耸入云的叫"望天树"，它是热带雨林的象征，一般高60米左右，个别高个子甚至高达80米。这种树高耸挺拔的树干，昂首挺立于万木之上，人们称它为"望天树"。它的青枝绿叶聚集于树的顶端，形如一把撑开的绿色巨伞，所以当地傣族称它为"伞树"。望天树高出其他林层20多米，高高在上，因此人们又把它称为"林上林"。

我抬头"瞻仰"这森林"巨人"，感觉既是望树，又是望天。望天树高大笔直，大有直通九霄，"欲与天公试比高"的气势！站在"巨人"的脚下，更加觉得自己矮小。此时我想让自己变成巨人俯视大森林的愿望变得更加强烈！

后来这一幻想竟成了现实，天空中真的出现了一条长长的走廊！勐腊自然保护区为了保护好景区的望天树及周边环境，就在望天树林中，建了一条以高大树木为支柱，由钢索悬吊于35米高、500多米长的悬空吊桥——望天树空中走廊，这是世界第一高、中国第一条空中走廊。

补蚌望天树景区距勐腊县城约20公里。来到望天树下，登空中走廊排的队不是很长，却等了好一阵才轮到我，怎么这样慢？原来是有规定，空中走廊每一段一次只能走两个人，人多的时候要分批进入"吊桥"的门，以保证游人之间拉开距离，以免人多了晃动太厉害。我和同伴踏上走廊，虽然与前面的游人保持着10多米距离，脚下还是晃荡得很，超过了我所走过的所有铁索桥。仔

望天树空中走廊

细看这走廊，虽然晃却十分的安全，有齐胸高的软扶手，扶手下是网状全封闭的防护栏，脚下是厚厚的木板，你想往下跳都不容易。看来人们的胆怯，完全是心理作用。心里有了底，脚下走得很轻松，我充分享受着这空中走廊的妙处，扶着扶手边走边朝前后左右观望。架设在望天树上的"空中走廊"，把公路两旁的原始森林连接起来，换了角度高高在上地俯视，在广阔的视野中尽情地领略热带雨林的风光，眼前是一幅全新的画面。呼吸着经雨林过滤的清新空气，一阵阵清香直沁心脾，令人顿感神清气爽。

望天树属于龙脑香科，柳安属。西双版纳的望天树主要分布在勐腊自然保护区，分布面积约20平方千米，分布地域狭窄，数量稀少，属珍稀树种，为国家一级保护植物。望天树是典型的热带树种，对环境要求极为严格。因其种子较大，在自然条件下繁殖十分艰难，有的尚未脱离母体就已萌芽，种子因此无法向远处传播，影响了传宗接代，大约2000粒种子中只有1粒最终能长成大树。

望天树不仅有雄壮的仪表，它的内在素质也很优秀。作为木材，它材质优良，生长迅速，生产力很高，一棵望天树的主干材积可达10.5立方米，单株年平均生长量0.085立方米，是同林中其他树种的2~3倍。它的木材中还含有丰富的树胶，花中含有香料油。由于望天树具有较高的科学价值和经济价值，而它的分布范围又极其狭窄，因此它被列为中国的一级保护植物。

5. "板根大王"与"毒木之王"
"板根大王"四薮木

在西双版纳的热带雨林中，有不少树中之王。望天树堪称身高之王，榕树可谓气生根之王。四薮木不与望天树争高比直，也不会像榕树那样用气生根，塑造独树成林景观，不过它也会在根部做文章。

望天树、高榕、厚皮榕、环纹榕都会生长突露在地表外的板根，属于会长板根的奇树。然而若论板根数量之多，伸延面积之大，板块之宽，谁也比不过四薮木，因此四薮木有"板根大王"、"板根奇树"之称。

四薮木是四薮木科高大乔木，树高一般在40米左右，是国家列入二级保护的珍贵树种之一。这种乔木，在内地极为罕见，在西双版纳分布较广，但数量仍属稀少。据自治州林业部门调查统计，全州的四薮木仅有0.3万公顷。

高等植物都有主根、须根、块根、根茎，其形状多是圆形。四薮木和其他高等植物一样，也有主根扎入地下，主根四周长满吸收营养和水分的须根。但是，随着树龄的增长，也许它也萌发了爱美之心，追求更有个性的"相貌"，那圆形的根基开始变形，与地表侧根相连的部位渐渐外突，呈辐射状伸入地表，形成特殊的侧立板块状根，分布在树脚四周，布下层层路障，塑造出奇特的板根景观。板根的高矮长短不一，有的竟高达数米。

目前已发现的"板根大王"在勐腊补蚌沟谷雨林景区。在这一壮观前，谁都免不了惊奇。这株四薮木高41.5米，树根基部的板根多达14条，呈辐射状伸向四周。板根露地面积达286平方米，其中有5块板根伸延长度为5米，有几块高达7.6米的板根，伸延长度达15米。板根之间可容纳数十人坐卧，堪称板根数量最多、板块最高、最大。

毒木之王

世界上真有"见血封喉"的武器吗？

我最早从武侠小说中看到有关"见血封喉"的说法，看到某大侠一箭射去，并未伤及对手的要害处，对手却立马一命呜呼，看到此处时总认为是夸张的笔法，并不当真。没想到走进西双版纳才发现这"见血封喉"并非夸张。

"见血封喉"树属桑科，叫"箭毒木"，傣语叫"埋广"。箭毒木树干粗壮高大，树皮很厚，既能开花，也会结果；果子是肉质的，成熟时呈紫红色。箭毒木的杆、枝、叶子等都含有剧毒的白浆。

相传在西双版纳，最早发现箭毒木汁液含有剧毒的是一位傣族猎人。这位猎人在一次狩猎时被一只狗熊紧逼而爬上一棵大树,狗熊也跟着爬上树来。猎人无奈之际,折断一枝杈当"救命稻草",刺向狗熊的嘴里。奇迹发生了,并不粗的枝杈居然让狗熊立即毙命。原来这树就是箭毒木,从那以后,西双版纳的傣族猎人在狩猎前,常把箭毒木的汁液涂在箭头上,制成毒箭来对抗猛兽的侵害,凡被猎人射中的野兽,只能走上几步就会倒下。当地民谚云:"七上八下九不活"意为被毒箭射中的野兽,在逃窜时若是走上坡路,最多只能跑上七步;走下坡路最多只能跑八步。人身上若是破皮出血,沾上箭毒木的汁液后,也会很快死亡。更令人胆寒的是,如果不小心将此液溅入眼中,可以使眼睛顿时失明,甚至这种树在燃烧时,烟气熏了眼睛,也会引起失明。所以每逢人们提到箭毒木时,就"谈树色变",把它称为"死亡之树"。

箭毒木为什么如此厉害?经卫生部门化验,发现箭毒木内的白色乳汁含有弩箭子甙、铃兰毒苷、伊夫单甙等剧毒物质。

"见血封喉"树虽然凶狠,却也有温柔的一面。其树皮厚,纤维多,且纤维柔软而富弹性,是做褥垫的上等材料。西双版纳的各族群众把它伐倒浸入水中,除去毒液后,剥下它的树皮捶松、晒干,用来做床上的褥垫,舒适又耐用,睡上几十年还具有很好的弹性。箭毒木是稀有树种,分布在云南、广东和广西等少数地区,在东南亚和印度也有,是中国热带雨林的主要树种之一。随着森林不断受到破坏,植株也逐年减少。

箭毒木在景洪和勐腊的一些景点都可以看到。勐腊城区白象山上就有一株40多米高的箭毒木,这棵箭毒木根部有三块板根,其中一块有4平方米之大。

6. 超级"老寿星"与"活化石"
植物界的超级"老寿星"

谁是世界上年龄最大的植物寿星?过去认为是被称为"世界

爷"的巨杉，它至今已活到了5000多岁，但这还不是植物中年龄最大的。1868年，著名的地理学家洪堡德在非洲俄尔他岛发现了一棵植物老寿星。这棵树已被大风暴折断，从它的年轮知道其准确年龄已高达8000岁，这是迄今为止知道的植物最高寿者。这棵长寿的树叫龙血树，树高18米，主干直径近5米。据传在白垩纪恐龙时代龙血树就已出现，被誉为植物中的活化石，联合国教科文组织把它列为保护树种。

龙血树的名称可谓取得有理。一般树木，损伤之后，流出的树液是无色透明的，但龙血树十分另类，竟流出"血"来。龙血树原产非洲，当地传说，龙血树流出的血色液体是龙血，因为龙血树是在巨龙与大象交战时，血洒大地而生的。

龙血树属龙舌兰科植物，全世界有150多种，我国有5种，生长在云南、海南岛、台湾等地。它的生长十分缓慢，几百年才能长成一棵树，几十年才开一次花，因此十分珍贵稀有。龙血树的自我保护意识很强，它受伤后会流出暗红色树脂敷住伤口。由于它能自我疗伤，所以活几千岁还不衰老。龙血树的树脂是提炼名贵中药"活血圣药"——"血竭"也称"麒麟竭"的原料，它可以活血祛瘀、消炎止痛、止血生肌，治疗筋骨疼痛、跌打损伤等疾病。古人还用龙血树的树脂做保藏尸体的防腐剂，它还是做油漆的原料。

我国使用血竭已有上千年历史，但过去一直依靠进口。直至20世纪70年代，我国著名植物学家蔡希陶教授和他的助手们在西双版纳发现龙血树资源，才结束了进口的历史。

龙血树虽然名贵，却不罕见，在西双版纳的许多地方都能见到，勐仑镇石灰山就有成片生长的野生龙血树。

活化石桫椤

化石这类"老古董"虽然珍贵，却没有生命。神奇的是在西双版纳大地上却屹立着一种有生命的"化石"，它叫桫椤，又称树蕨，属桫椤科蕨类木本植物。桫椤被人们称为"活化石"，属国家一级保护野生植物。

蕨类植物这种古老原始的植物，是第三纪前后发生和发展起来的，现存蕨类大多为草本。在远古时期，地球上气候炎热，树蕨活得很得意，占领的地域比现在广，曾遍及世界，长得比现在还高大，现在身高在3~8米之间，古代多为10多米高。由于地质变迁，绝大多数蕨类已经绝灭，埋在地下成了煤炭，只有极少数幸存下来。也许西双版纳是"造物主"的宠儿，几乎没有受到第四纪冰川南移的破坏和影响，被地质学家称为"古热带地区"。这块风水宝地，让一些生物逃过了一劫，世界上大部分地区早已绝迹的许多古热带植物被保存了下来，桫椤就是少数幸存者之一，它是最为珍贵稀有的孑遗植物。桫椤这个"老古董"不愧为地球历史变迁的见证者，它对研究中国西南的古地质、古气候、古生物等具有十分重大的意义。

桫椤生长在热带森林中，主要分布在景洪、勐腊两县市的低山沟谷雨林中。桫椤的模样与众不同，树干为圆形，似椰子树，树干上不分枝杈，有疏刺或布满六角形的斑纹。只在树的顶端丛生着许多复叶，这些绿色的叶片像羽毛一样十分漂亮，有的叶片长达2米。

桫椤虽属于高等植物，有根、茎、叶，可是它不会开花结果，所以没有种子，它怎样繁殖后代呢？它至今没有与时俱进，仍保持着最古老的繁殖后代的方法，靠叶片背面的孢子繁衍后代。显然这种繁殖方法比那些有花果的高等植物次了一等，不过从它身上我们看到了蕨类植物是植物由低等向高等发展的桥梁。

桫椤不仅让人赏心悦目，还是供科学家研究地球历史变迁的活化石，它的身体也是宝。桫椤的茎富含淀粉，可供食用，也可用来制作器物。入药称为"龙骨风"，可驱风湿、强筋骨、清热止咳。

7. 写在贝叶上的经书

人们常说"白纸黑字"，却没听说过"绿叶黑字"，可是在古代西双版纳地区的傣族就是把文字书写在树叶上的。这种"纸"起源于印度，很早以前，东南亚人民就开创了用贝叶棕的巨大叶片来刻写文字，因此东南亚文化在历史上有"绿叶文化"之称。佛教历史上赫赫有名的"贝叶经"就是用贝叶制成的。

走进西双版纳，几乎村村寨寨都能见到一种高达15米左右的棕榈树，它的树杆笔直而浑圆，没有枝丫，直挺挺地直指云天，显得异常高大而雄伟。叶有长柄，呈螺旋状围着树顶，叶片为扇形，直径达1~1.5米，真是好大一张"纸"！这种树傣语叫"戈兰"，学名叫"贝叶棕"，人们通常称它为"贝叶树"。贝叶棕不仅是绿化环境的优良品种，而且还创造了一大植物奇观，它大约40年开花一次，一生只开一次花，然后结果，果熟即整株死亡，留下"儿孙满园"。这在植物学上叫做"一次性花果植物"。

傣族信奉南传上座部佛教（又称小乘佛教），寺院内种植的贝叶棕是随着佛教的传播，由印度经缅甸引入的，至今已有700多年的历史。据调查，云南的傣族聚居区发现的傣文贝叶经约有四五千卷，内容涉及佛教经典、医学理论、天文地理、文学艺术，等等。著名的《葫芦信》、《松帕敏和嘎西娜》等长诗，都是靠贝叶记载流传下来的。贝叶经被看做是傣族文化的"万有文库"、"百科全书"。云南贝叶经被称为"刻在树叶上的傣族文化"，是中华民族最珍贵的文化瑰宝之一。

贝叶经是怎么制作的？首先把叶片修整、压平、水煮，晒干后装订成册，用特制"铁笔"在上面刻写文字，刻完后涂上植物油，叶面上就出现清晰的字迹，而且字迹擦不掉抹不去，还可以防虫、防水、防变形，经久耐用。这就是贝叶经可以保存几百年不变的原因。

传说古时候，汉族、傣族、哈尼族的祖先一同去西天取经，在回来的路上经过一条大河，他们乘坐的船翻了，三人上岸后，打开包袱晾晒经书，汉族的经文写在纸上，晒干后就像鸡脚印，所以现在的汉字就像鸡脚印；哈尼族的经文写在牛皮上，晒干后为了让大家充饥就烤着吃了，所以现在哈尼族没有文字；只有傣族的经文是刻写在贝叶上的，晒干后字迹清晰依旧，因此傣族的文字得以原样完整地保存并流传至今。

8. 爱吃虫的花

西双版纳有种花善于吃虫。看了这句话，你肯定以为是作者说反了！世上只有虫吃花，哪来花吃虫？其实没错！

猪笼花属藤本植物，它的花朵很漂亮，黄中带红，似一只灯笼，又似猪笼，所以叫猪笼花。笼上面还有一片小小的笼盖，而且能自然开合。花朵开放时，笼盖即自动向上扬起，颇有"美色"的花，还发出一股有诱惑力的香味，喜欢拈花惹草的昆虫，乐滋滋地钻入花心，笼盖便自动关闭，猎艳者反成了猎物。笼底充满着内壁细胞分泌的弱酸性消化液，昆虫一旦落入笼底，就会被消化液溺死，并慢慢被分解，最终变成营养物质而被吸收。待猎物被化为养分后，笼盖重新打开，等待新的猎物进入陷阱。

这类不从土壤等无机界直接摄取和制造维持生命所需营养物质，而依靠捕捉昆虫等小动物来谋生的植物被称为"食虫植物"。

古代的傣家人发现这个"秘密"之后，纷纷把猪笼花种植到竹楼前后灭蚊灭蝇。所以今天走进傣寨很容易找到这种能除害的植物。

9. 花中的"魔术师"

水面上漂浮着的绿色大盘子，我们曾在葫芦岛见过面，它是王莲的叶片，王莲是睡莲科最大的种，它的老家在巴西亚马逊河流域。

王莲不但能随时辰改变颜色，而且还能改变形状。在西双版纳许多地方都能见到王莲的身影，勐仑植物园内有观

善变的王莲

赏王莲的景点。一次我们下午住进园内，天黑前发现塘中的王莲开放了，散发出袭人芬芳，我们也为来得巧而心花怒放，想等到第二天早上再好好拍照。次日一大早我们兴冲冲来到原地，还以为走错了"门"，头天开得很大的王莲花竟缩成了一个小花苞。

正当我们感叹"好花不常开"时，园内的工作人员告知我们别泄气，还能看到。我有些疑惑，听完一番解释后才知道，原来王莲初开之时都在黄昏，花瓣是乳白色，花瓣逐片展开，王莲的花很大，直径25～40厘米；次日凌晨，花瓣又聚合成苞，傍晚重新绽放。原先那乳白色的花瓣在重开时却变成了玫瑰色。3天以后，花色又变为深红色，花茎开始弯曲，花朵凋零，把已授粉的花托藏入清水之中，让种子在水中成熟。

王莲不仅花善变，叶子也善变。王莲属睡莲科，是水生有花植物中叶片最大的植物，是叶中之王，叶子初生时为针状，长到2～3片时叶呈"矛"状，至4～5片叶时呈"戟"形，长出6～10片叶时呈圆形，长到第11片叶后，叶缘周边上翘，犹如餐馆里装泡菜的盘子，直径约1.5米。王莲叶片堪称叶片中的"大力士"，每个叶片可承重数十公斤。人们曾试验过让一个二三十公斤重的小孩坐在叶子上，叶子并不下沉。

10. 跳舞草与神秘果

会跳舞的草

植物园内有些不起眼的三叶草，旁边却围着许多好奇的游人。原来这就是大名鼎鼎的"跳舞草"，这外形很普通的小草还有一串迷人的叫法——情人草、多情草、风流草。植物怎么会跳舞呢？

游人围观跳舞草

游客们刚走一拨又来一拨，大家把小草围住，南腔北调地用各种语言唱起来，一位陕西大汉大声唱道："妹妹你大胆地往前走啊，莫回头……"这粗犷豪放的西北风，引来一阵爆笑。奇怪的是这小草却无动于衷。植物园的导游小姐终于忍不住了，她告诉大家，今天游客太多，小草可能跳累了，让她歇口气吧。她叫众人往后退点，安静了几分钟后，她蹲在跳舞草旁，轻柔地唱起了《月光下的凤尾竹》。随着声波的节律，小草又重新抖擞精神翩翩起舞了。当然这舞蹈并非像想象中那样大幅度摇摆，只是两片嫩叶随着声波轻轻摇动罢了。我想，如果我是跳舞草，遭源源不断的人群反复折腾，肯定也跳不动了。也许想让它重新起舞，除了歇气，还需要阳光，先前它被遮得严严实实的。

这种闻声起舞的草属蝶形花科草本灌木，个子不足1米高。叶柄上的叶片属互生三出复叶。三片小叶各有分工，两旁的小叶是跳舞的主角，能随着声音机械开合；居中的叶子却没有什么本事，只是沾了主角的光，她很会保养，平时不动，日落后即垂下头昏昏入睡，待次日天亮又昂起头来。有人把这种小草称为"植物界的舞蹈家"。

跳舞草何以起舞？据传说，古时候西双版纳有一位美丽善良的傣族少女，名叫多伊，她舞技超群，出神入化。且常常为众多的乡亲们表演舞蹈。后来，被一个大土司抢走，要多伊每天为她跳舞。多伊誓死不从，跳进澜沧江。穷苦的老百姓捞起了多伊的尸体，并安葬了她。后来，多伊坟上就长出一种漂亮的小草，每当音乐响起，它便和着节奏起舞，人们都称之为"跳舞草"，并视为多伊的化身。

跳舞草何以起舞，科学家的说法虽不浪漫却有些道理。他们认为这与阳光有关，有光则舞，无光则息，就像向日葵冲着太阳转动一样。对具体原理，还有各种分歧。有的认为是植物体内微弱电流的强度与方向的变化引起的；有的认为，是植物细胞的生长速度变化所致；也有人认为是生物的一种适应性，它跳舞时，可躲避一些昆虫的侵害。要解开这个谜还需植物学家们继续深入探索。

周总理引进的神秘果

在勐仑植物园我们见到了久闻大名的神秘果，其貌不扬的果树让人很难与"神秘果"这一诡异的名字相连。树高不到2米，稀疏的树叶，花生米大小的果实。神秘果被誉为"味觉魔术师"，不管你吃多么酸的东西，只要先吃一颗神秘果，再酸的水果，吃入嘴中都会有如琼浆玉露般香甜。

神秘果属山榄科常绿小灌木，树形美观，它的家乡在西非。神秘果之所以到版纳安家，缘于20世纪60年代，周总理出访非洲时，加纳共和国把神秘果作为国礼赠送给周总理。周总理又把它转赠给勐仑植物园。此后，神秘果开始在我国"安家"。

神秘果有这么神秘吗？"耳听为虚，口尝为实"，我到勐腊参加学术活动时，有幸亲口品尝了神秘果。东道主先让我尝了一口柠檬，新鲜的柠檬奇酸无比，接着我放一颗神秘果入口咀嚼。神秘果几乎没果肉，核大，嚼烂果皮后，感觉有点酸。吃完后，再咬一口柠檬，感觉不像吃柠檬，倒像吃柚子，仅有一丝丝酸，更多的是清甜味。随后，他们又让我喝一口啤酒，只觉口中有几分甜味，啤酒的苦味变得很淡。

神秘果为何这般神秘？科学家曾对这种果实进行化学分析，并分离出一种改变食物味道的糖蛋白，称之为"神秘果素"。这种物质本身并不甜，可是它的溶液能对舌头上的味蕾感受器发生作用。吃了神秘果以后，舌头上的其他感受器暂时被麻痹，而那些对甜味敏感的味蕾感受器却兴奋、活跃起来。幸好神秘果中这种"魔法"并不是永恒的，否则我们从此口中甜味"一统天下"，尝不出其他美味了。这种变味少则半小时，多则两小时，舌头又恢复了正常味觉。

神秘果可鲜食，也可制成酸性食品的助食剂，非洲人很早就利用它来调节食物的味道。它能使酸面包变甜，能让酸棕榈酒香醇可口。近年还被制成糖尿病人需要的甜味的变味剂，既不增加糖分摄入又满足患者对甜味的渴求。

11. 热带花卉大观园

看美丽的热带花卉是到西双版纳观光的一个重头戏。热带花卉园堪称汇集了多种热带花卉的大观园,它坐落在景洪市区云南省热带作物科学研究所(简称热作所)内。

烈日下一脚跨入西双版纳热作所的大门,就像跨入了清凉世界。展现在我们面前的是一条由油棕树组成的林荫大道,上空覆盖着浓密的绿叶,挡住了头顶火辣辣的太阳。

沿着绿色通道前行出现了科研大楼、竹楼宾馆、波光粼粼的人工湖泊和多功能的别墅式度假村。各类建筑群间种着许多奇花异草、热带植物,整个院落一派热带园林风光。热作所占地1200多亩,分为香料作物区、水果区、药物区、经济林木区,建有热带花卉园、科技陈列馆、周总理纪念碑等十几个景点,集科研、科普、旅游观光、度假等功能为一体。园内荟萃了各种热带花卉、热带果木、热带经济林木近1000种,是一个资源保护和开发利用并重的种植资源库。园中有一条可以行驶汽车的柏油路,环绕着整个园林,将各个景区串联在一起。各个景区内,又有若干条步行小道,引导着游览者到园中各个角落寻幽探奇。

周恩来纪念碑为纪念1961年周总理来热带作物科学研究所视察,并在此与缅甸总理吴努会晤。

热带花卉园通过独特的创意与新颖的园林布局,把这些与人类生活息息相关的热带花卉和植物的神秘面纱揭开。热带花卉园,是热作所最精彩的一园,也是全国4A级风景区,它分为百草园区、棕榈植物区、稀树草坪区等,真是大园套小园,"园中有园"。

百草园中荟萃了诸多奇花异草,有花草园、空中花园、盆景园和观叶植物园等小园。最巧妙的是空中花园,它由乔木、灌木、草本相间搭配而成。把热带水果、经济林木及各种热带花卉,各得其所地组成一个多层次的立体景观,是热带地区得天独厚的自然条件所造就的,虽由人作,宛如天成。

24

眼前一树红花的树，就是我久闻其名而未曾见面的香港特别行政区大名鼎鼎的区花——紫荆花，此花又叫洋紫荆、红花紫荆。

炮仗花，真是名不虚传！串串花朵悬垂，样子几乎完全像炮仗。善解人意的炮仗花只在需要放炮仗的春节前后才开花，似乎是专门为增加过年的喜庆而开放，所以备受人们欢迎。

一花两色的鸡蛋花，花色素雅，花瓣外白内黄，恰似鸡蛋煮熟后切为两半，因此得名，又名鸡卵花、蛋黄花。此花因由缅甸、印度传入我国，故也称缅栀子、印度素馨。傣家少女对鸡蛋花情有独钟，常戴在发髻上，象征少女的纯洁、美丽和高雅。鸡蛋花不仅名字多，治病的本事也多，可以治疗肺炎、肝炎、消化不良、急性支气管炎、痢疾、肠炎、感冒发热，还可以预防中暑。

棕榈园内约有棕榈科植物40种，这是植物界中很有经济价值的一个科。

那一排挺着"将军肚"的树是大王棕，是棕榈科王棕属植物。因为它的主干像一个高高的花瓶，人们又叫它"花瓶椰子"。它是棕榈科中的"大个子"，所以被尊为"棕王"，它的树干颇似傣家人的象脚鼓，所以又有"象脚鼓树"之称。

被称为"世界油王"的油棕，每亩年产油100~350斤，是花生的5倍，菜子的10倍，每棵结果期长达40~50年，高产期25年左右。

园内的大粒种咖啡，原产于刚果。云南咖啡产量占全国咖啡总产量的95％以上，西双版纳、普洱、保山等地是我省咖啡主要产区。

被誉为"营养大全"的辣木，是辣木科辣木属植物，原产于印度和非洲，被科学家称为"神奇之树"。辣木的营养非常丰富，几乎含有人体所需的各种营养素和氨基酸。辣木树是近年来欧美新兴的一种保健植物（食品），号称高钙、高蛋白质、高纤维、低脂质，并且具有增强体力、治疗贫血、抑制病菌、驱除寄生虫等功效。在医学上应用于糖尿病、高血压、皮肤病、贫血等多种疾病。

西双版纳最大的水果是什么？是菠萝蜜，最重可达30千克。这

最大的热带水果——菠萝蜜

样沉重的果实，细细的枝条怎么承受呢？聪明的菠萝蜜做了个"大改革"，直接把果实结在主干上。这是植物自身的调节作用，可见世上少有不能变通的事物。

火龙果，原产于墨西哥、中美洲地区，因外形犹如燃烧着的一团火而得名。是一种低热量、低脂肪、高纤维素的水果，具有一定的食疗保健功能。

油梨可谓"多功能果"，它是一种集果、粮、油为一体的热带水果，高脂肪、低糖分，最适合糖尿病患者食用。

漫步在"大观园"中，一路上羊奶果、番石榴、油梨、蛋黄果、人心果、神秘果、杨桃、木瓜榕、槟榔青、旅人蕉、白兰、佛肚竹、大花紫薇、糖棕、等等，一个个陌生的名字，一张张形形色色的"脸"扑面而来，让人目不暇接，流连忘返！

热带花卉园确实有很高的科普旅游价值，参观它好似上了一堂形象的热带花卉、热带水果、药用植物的知识课。

12. 野象出没的山谷

西双版纳之行我们一开始就把到野象谷观象列入了行程。然而看野象可不像逛动物园，随时想看就看，得碰运气，运气好时也许早上才说过"拜拜"，晚上又见面了，没运气时守两天两夜也白搭，连象的吼声都听不到。

野象谷位于勐养自然保护区南缘，距景洪市区约40公里，是西双版纳最令人神往的森林公园和观赏野象活动的最佳景区。由于此地的河流分为三岔，故又名三岔河森林公园。三岔河自然保护区以其特有的热带原始森林景观和数量较多的野生亚洲象（约130多头）而著称于世。

这里的河道开阔，形成一湾水塘，野象经常来此吸食河底的硝、盐等矿物质，顺便洗澡，于是成了有名的"象塘"。西双版纳州自然保护区管理局等相关部门对三岔河进行详细的考察分析后，最后将"亚洲象种源繁殖基地"锁定在这里。为吸引野象多多光临，从1988年开始，在这一地区定期投放食盐，种植野象喜欢吃的芭蕉等"粮食"，长期对野象进行引诱，因此这里的野象越来越多。三岔河几乎成了西双版纳唯一可以观赏到野象的地方，于是野象谷景区应运而生。在这个森林公园内，建有野生动物观赏区，原始森林探险区和接待中心，总面积约占370万平方米。

为了方便研究、观察亚洲象的生态行踪，也为了便于越来越多的游客观象，景区创造性地兴建了别具一格的观象"空中走廊"和"树上旅馆"。

神秘的野象和奇特的观象设施吸引着我们下榻"树上旅馆"。这走廊和旅馆到底什么样？

"T"字形空中走廊建在公园中心区，沿蜿蜒小河而建，长廊离地面6米高，宽1米多、长248米。长廊傍树之处，分别建有20余间小巧玲珑的观象旅馆。河边的古树上设有观象树屋，有些像鸟巢、搭建在三四个人合抱也抱不拢的古木树杈处。这些"树上旅馆"成了版纳的又一怪——房子空中盖。我们住的是连着长廊的标间，只要野象有动静，跟踪拍照较为方便。这是我有生以来住过的最另类的房间，是狭小的双人间，约8平方米。旅馆虽简陋，除了没有彩电（意在观野象者无暇看电视）外，标间最必要的设施，厕所、淋浴房一应俱全。在房内凭借月色和夜视镜即可不分昼夜地随时观察到野象临泉饮水等活动情况，又能安然无恙地拍照、录像。

住"树上旅馆"的感觉与住景区别墅完全不一样，让我充分领略了回归大自然的情趣。要说睡觉，这一夜睡得并不安稳，倒不是担心野象袭击木屋，而是怕它不肯光临。随着最后一缕阳光消失，林中渐渐暗下来。为欢迎野象尽早来到，我和同伴早早熄了灯，戴上夜视镜，双目凝视着月光下充满神秘感的森林，透过魔幻般的镜片，漆黑的森林不再模糊一片，变成了有一定层次的墨绿色。我们久久地俯视着台下野象出没的山谷溪流，期盼着突然涌出的象群……等啊等啊，可是一切都是老样子。于是我们躺着闲聊对版纳的感受，直聊到同伴的应答变成了鼾声，我感觉困倦了，可是久久难以入眠。夜静极了，也许是越寂静越显出蝉鸣、蛙啼的清晰、洪亮。

不知什么时候进入梦乡，也不知睡了多长时间，一觉醒来见同伴坐在窗前，我立即一骨碌爬起来，问他有什么动静。其实还是跟先前一样，只是月亮开始斜向了西边。在蝉与蛙的合唱声中我再次睡去，突然醒来天已微亮。我再次检查了一遍摄影器材后，静坐床上闭目养神，突然外面隐约响起一阵轻微的噼噼啪啪声，我惊喜地立即扑向窗前，什么动静也看不出来，声音渐大，连木屋都似乎有些震动，我立马叫醒同伴，两人抓起相机冲到空中走廊上。5头大象正朝着与走廊大致平行的方向向我们大摇大摆地走来，边走边用鼻子拍打着旁边的树枝，我兴奋得心怦怦地跳，用望远镜头"拉"过大象，就连续拍了3张，正待再拍，突然有两头象转身朝另一个方向走了，稍后另外3头也跟着走了。也许是走廊上突然出现的四五个人惊动了它们。

岂能让刚开头的好戏就这样收场，我们忘记了危险立马跑下走廊，朝大象逃走的方向追去，却不见大象的踪影，拐了个弯突然远处河中出现了一头象，我们吓了一跳，赶快躲到树后。此时细看，原来旁边还有一头小象，显然这是一对母子，正在河中取食饮水。也许是由于照料小象的原故，这对母子走得慢，已经脱离了象群。这时，我们距离野象母子大约30米，如果再靠近也许就会有危险。只好凑合着拍了，我用

河谷中的野象

望远镜头把这对母子"拉"过来，母象不时抬头朝四周张望，小象则十分放松，它一会儿把鼻子伸到妈妈的口中夺食，一会儿又把鼻子伸到妈妈的下腹吸奶，一会儿又学着妈妈把鼻子伸到河里玩耍。真是太精彩了！我屏住气变换着构图拍了七八张。欲待再拍，却见母象开始挪动脚步，朝我们隐蔽的这边走来，一下子我的心跳又加快了，我们拔腿就往后跑，跑了几步回头看时不见母象跟来，才定下心来，不敢回头"恋战"，还是收兵回营为妙。

待回到空中走廊上，回想先前追踪野象的"英雄气概"心中还有些后怕，但又为有惊无险地拍到了这难得的一幕而得意。当然，为安全起见，还是不要离开长廊为宜，否则后果难以预料。

拍到了野象，到野象谷就可谓不虚此行了。然而野象谷的"精彩节目"还没完，我们算是"赚"了！还有8000多米的步行游道，让游客穿越原始森林，区内沟河纵横，森林茂密，可以观赏到植物绞杀、大板根及老茎生花等热带雨林风光，密林中还栖息着一些野生动物。在游道旁还建了2900多米的观象长廊和观象台等避险设施。如果体力较差或不愿徒步探险，也可以乘坐观光缆车，在1886米的索道上，轻松安全地从空中观赏热带雨林风貌。

如果没有亲眼目睹野象的风采，弥补的"节目"是在景区内观看大象表演，这里有一群驯养的大象，这是我国第一所驯象学校。这些训练有素的庞然大物，多才多艺，会向游客鞠躬，表示欢迎；会作头顶地、脚朝天的倒立；会合着音乐的旋律跳舞；会用象鼻作"踢"球表演；能过独木桥，还会与人拔河比赛……大象还会与人亲近，为人服务，游客可以放心地骑在象背上或坐在象鼻上，与象合影，甚至可躺在地上，让大象用脚给你按摩……它们的灵性乖巧，令你不得不拍案叫绝。

此外，在这里还可到蛇园观赏各种各样的蛇，并品尝用蛇与乌鸡烹制的"龙凤汤"。也可以到网笼百鸟园观鸟，还可以到蝴蝶养殖园观赏绚丽多彩的彩蝶，购买用蝴蝶制作的工艺品。

二、异彩纷呈的民族风情

西双版纳各民族各具特色的风俗习惯、宗教信仰、节庆活动，使这方热土充满了怪异与情趣。除下文提到的节庆外，傣族的关门节与开门节、拉祜族的扩弄玛节、布朗族的冈永节等节庆，都属较大的节日，瑶族除了著名的盘王节外，几乎月月都有节过。

各兄弟民族的婚恋不仅奇特、有趣，而且这些年轻人大多生活在"我的恋爱我做主"的恋爱高度自由的环境中，他们的婚恋很古朴，也很浪漫。婚后他们的家庭生活虽然缺少洋房、轿车，甚至冰箱、彩电等现代设施，但却很少缺乏爱情与忠贞，他们过得美满幸福，离婚率非常低。据说现在某些都市人相见时的问候语是"你离了吗？"也许适当引进一点兄弟民族的古朴之风，是大大有益于当代社会的。

1. 西双版纳民族风情的"窗口"

到西双版纳，参观、体验绚丽多彩的少数民族风情，无疑是旅游者的重头戏之一，在深入村寨之前，先到展示民族风情的窗口——西双版纳民族风情园走一趟是最佳的选择。

民族风情园为国家2A级旅游景区，位于景洪市区西南1公里处的流沙河畔，占地面积66.7万平方米，整个园区分为南园和北园。

园内建有西双版纳6个世居少数民族的展馆，它将西双版纳珍贵的热带动植物和浓郁的民族风情融为一体，是美丽神奇的西双版纳的一个缩影。一进大门首先见到的是挺拔高耸的西双版纳解放纪念碑，纪念碑正面镶嵌着原中国人民解放军第二野战军第四兵团政委、中顾委副主任宋任穷题写的碑名。碑上镌刻着解放西双版纳的历史。

北园是民族风情园中最具特色的部分，分为民族风情展览和民族游乐活动两部分。民族风情展览由傣族馆、僾尼（哈尼族支系）馆、瑶族馆、基诺族馆、拉祜族馆、布朗族馆组成，为游人展出西双版纳的民族风俗和历史文物。

一说到展馆，我们往往会想到挂满无数个枯燥展牌，摆放着几个可怜的标本的场所。其实并非都是如此，这里让我们看到是鲜活的接近真实的村寨群落的浓缩，类似于昆明云南民族村的村寨模式。这里有"水的民族"——傣族，"濮人"的后裔——布朗族，"尊敬舅舅的民族"——基诺族，"猎虎的民族"——拉祜族等民族村落。在各具民族特色的居室中，我们看到这里居住着似出水芙蓉的傣家少女，山花烂漫般的哈尼族姑娘，雍容华贵的瑶族妇女……

在这里每天都举行民族歌舞表演，向游客展示着西双版纳各民族的习俗。我们看到的异彩纷呈的游乐活动：赶摆、放孔明灯、丢包、泼水、斗鸡、赛龙舟、划竹筏、放焰火、竹炮、剽牛、傣族婚礼等。园内还可应团体客人的要求，组织多种民俗活动。

在这里我们可以天天"过节"。这里有4个露天歌舞场，每周定时举办歌舞表演。我们可以每天看到身着五彩缤纷的奇装异服的兄弟民族，有的吹着葫芦丝、芦笙，有的唱着情歌，跳着舞。可以看到傣族孔雀舞、象脚鼓舞、哈尼族竹筒舞、基诺族大鼓舞、拉祜族三弦舞等舞蹈。可以尽情地享受"泼水节"、"嘎汤帕节"、"特懋克节"、"耶苦扎节"、"盘王节"等节日带来的祝福与喜悦。

在这里你可以不仅仅只扮演一个冷漠的观众，许多场面都可以随意地走进去互动：可以让吉祥之水把自己泼成"落汤鸡"；也可以围着篝火"三垛脚"（拉祜族舞），"垛"到一身大汗……陶醉在水声、火光、歌声、笑声的海洋里。

西双版纳民族风情园的前身是热带果木林场，所以风情园内不仅民族风情迷人，还有形形色色的热带植物争艳。南园还是观赏热带植物的好去处。园内分为植物标本、热带水果、沙滩日光浴泳区3个游览区，种植着咖啡55亩，还有棕榈、槟榔、速生林、砂仁等珍贵植物标本数十个品种，有椰子、柚子、芒果、荔枝、杨桃、菠萝蜜等热带水果600多亩。"秀色可餐"这个形容词，在这里不仅可以"出口"（嘴说），还能"进口"呢！水果成熟的季节，这些诱人的热带水果还可以尝鲜。

2. 风情浓郁的橄榄坝傣族园

在离景洪城区东南约30公里的澜沧江北岸，有一个越来越"热"的地方，那里是西双版纳海拔最低的地方，当然最炎热，不过气候的热是相对稳定的，越来越"热"的是它的人气！那里棕榈树迎着江风翩翩起舞，高高的椰子树向远方游客频频点头致敬。绿树丛中矗立着金色的佛塔，翠竹林中掩映着一幢幢傣家竹楼。这就是吸引着中外游客的橄榄坝，它叫勐罕镇。

勐罕镇是一个原生态的傣族聚居地，它集中地展示了傣族历史、文化、宗教、建筑、生活习俗。澜沧江从绿色的坝子中缓流过，给它增添了美的自然元素。橄榄坝得天独厚地把浓郁的傣族风情与旖旎的热带田园风光完美地融为一体，所以近几十年来，这块风水宝地，几乎成为西双版纳游客的必来之地，许多游客甚至说："不到橄榄坝，算不上到西双版纳"。橄榄坝还一直受到文艺界的青睐，不少反映西双版纳知青题材的文学作品、影视作品都以橄榄坝为历史、地理背景；许多摄影、美术精品也都取材于橄榄坝。电视连续剧《孽债》的部分镜头就是在橄榄坝拍摄的。

"勐罕"的意思是将布卷起来的地方。传说，佛祖释迦牟尼到这里讲经，教徒们盛情欢迎，用棉布铺在地上，请佛祖从上面走过去，因为路程长而布匹短，只能边铺前面，边卷后面，边铺边卷，一直把佛祖迎进曼春满寨内。勐罕就是这样得名的。

橄榄坝有数十个自然村落，曼将、曼春满、曼乍、曼听、曼嘎五大寨连珠，绿树掩映，竹楼座座。历经千年的村寨群落，积淀千年的民俗风情，这里的村民与自然和谐相处，完美融合，旖旎的亚热带田园风光，神奇的佛教文化，让这个世外桃源，花果飘香，梵音缭绕。它素有孔雀羽翎之美称，是傣家人的"勐巴拉娜西—人间天堂"。橄榄坝浓缩了傣族民族文化的精华,在进入二十一世纪的当今中国,保存得如此完好的古村落群,实属罕见,把橄榄坝傣族园(为国家4A级景区)称为中国第一自然生态村,并无夸大之处。

在橄榄坝无论走进哪一个寨子,都会看到典型的缅寺佛塔,还能听到动人的传说故事。曼乍寨,傣语的意思为"厨师寨"。据说过去此寨专门为土司衙门培养厨师,而且名声在外,为此土司把"厨师"作为它的寨名。曼春满寨有著名的曼春满佛寺,屹立着金光耀眼的佛塔;曼听寨有版纳罕见的树包塔和圣洁的曼听白塔。

曼春满和曼听可谓橄榄坝村寨中的佼佼者,曼春满有"花园寨"之称,曼听有"花果寨"之誉。在村寨中漫步,真是赏心悦目,但见椰子树、槟榔树、芒果树、菠萝蜜、绣球果等热带植物和花卉布满里里外外。

橄榄坝是西双版纳海拔最低、最炎热的地方,炎热的气候

曼春满佛寺

给橄榄坝带来了丰富的物产,这里热带水果种类繁多,可以品尝刚摘下的最鲜最甜的水果,尝鲜之余,还可以买到当地出产的价廉物美,十分爽口的果脯。

过去到西双版纳的游客常常遗憾没赶上泼水节盛会,而今走进景洪,"天天过泼水节"可以梦想成真。橄榄坝的傣族园建起了迎宾广场,被人们称为"泼水广场",因为这里每天下午3点都会有一群傣家姑娘,把源源不断的吉祥水泼洒到你身上,当然你不能只当受惠者,你也可以抬起盆中水,尽情回敬给你祝福的人。据说被祝福的水淋得越透,吉祥幸福越多,在互惠中,你不用担心得到的祝福不够。

一些到过橄榄坝的人说"一日作客橄榄坝,夜夜梦回傣族园",也许夸张得有些道理。

当然需要提醒读者，遇上傣族在祭祀寨神时，千万不可进入寨子。进入傣家竹楼，要把鞋脱在门外；不能坐在火塘上方或跨过火塘，不能进入主人内室，不能坐门槛；不能移动火塘上的三脚架，也不能用脚踏火；忌讳在主人家里吹口哨、剪指甲。

3. 丢包传情的男女

泼水节期间来到村寨旁的草坪上，远远就见空中出现不明飞行物，它不是"飞碟"，也不是小鸟，它是五颜六色的小花包。这是傣族男女找对象的"探测器"，他们把小花包反复甩来甩去试探爱情。

这就是久负盛名的"丢包"。草坪上一端站的是傣族小伙，另一端站满了傣家姑娘，我激动地抓起相机就"咔嚓"起来，围着飞包转了两圈，终于抢到了得意镜头。其中之一是五个卜哨（姑娘），神情不同、姿态各异，或丢、或接、或举首、或低头，构成了一种难以重复的舞蹈美。

丢包，是在众目睽睽之下传送爱意，获得爱情的求爱活动。这种求爱方式有悠久历史，在汉文史籍中就有记载。自古丢包为边疆少数民族传统游戏之一，是促成婚姻之媒介，到场者均为未婚女子，自制花团，其大如桔，外皮用有颜色的布包裹，内装棉花绷子。

每当泼水节来临之际，各村各寨的未婚女子，便买来花布、丝线、花边，缝制花包，傣语叫"麻管"。时下的花包，呈四角菱形，大小如手掌，用多色花布拼缝而成，内填棉籽，角上缀有丝线束或花边，安有一条一尺多长的提绳，供丢包时握绳甩掷。有的手巧的姑娘还在包上绣上代表美好心愿的图案。

丢包之日，未婚男女青年兴高采烈，成群结队在寨旁的草坪上或榕树下集中，男女分别列阵各站一边。两个队的人含情脉脉的相互对视片刻，少女便手握花包提绳轻甩几圈，再向小伙子"嗖"的一声甩去。见花包这个传情的信物飞来，小伙子们争相抢接，接住的自然欢呼雀跃，接不住的便得给丢包的姑娘送些礼物或礼钱。男青年得到花包以后，也仿效姑娘的模样，轻甩几圈花包，再"嗖"地掷出，让姑娘抢接。未接住包的姑娘，得将一朵鲜花献给掷包的小伙子。

经过几番试探性的抛掷之后，花包就开始长了"眼睛"，专门瞄着意中人飞去，这时的花包已成为传递感情的使者，带着情与爱飞向对方。

两人对丢多次，达成默契，集体游戏就"升级"为双人"会谈"，一男一女便悄然离开丢包场，一对对隐于树木之中或溪泉岸畔倾心交谈，坠入爱河，变为情侣。

古代在西双版纳民间还流行过一种凤凰情书，在西双版纳傣族青年中产生过深远影响，昔日的男女青年都以能写、能唱凤凰情书（诗）为荣。但这种求婚形式难度较大，要具有一定学识才能完成，现在已很少有人采用，历史上曾流传过的一些优美的凤凰情书，已被当做优美的情歌，收入西双版纳傣族民间文学史册。

4. 纺织场上定终身

在秋冬时节每当夜幕降临，我们常会看到一群小伙子穿得干干净净，身披毯子（傣乡白天骄阳似火，入夜却有些寒意），怀揣手电筒，握着葫芦丝，三五相约，一个个说说笑笑地走在村寨中或是田野上，看那高兴的样子很像是去搞什么文艺活动。如果你跟踪这群乐小伙，就会看到他们的人数越走越少，最后只剩下独自一个。那些人去哪里了？原来各人的目的地不同，这些小伙分别去到一幢幢竹楼下，在对着竹楼吹奏葫芦丝呢。

这是演的什么节目？这是傣乡的浪漫之夜！

傣族青年自古有令人羡慕的自由恋爱的民族传统，而且他们的恋爱还不拘一格，形式多样，犹如版纳美丽的大自然一样色彩斑斓、自然纯朴和富有诗情画意。

通常人们知道泼水节丢包是青年男女恋爱求偶的活动，对"串姑娘"却鲜为人知。傣族青年男女求爱的方式确实很灵活，并不需要等待一年一度的泼水节，随时有的是机会。"开门节"之后，秋收已过，谷物归仓，春耕时间不到，农活较少，这几个月也是谈情说爱的黄金季节。晚上串姑娘的活动（傣语叫做"邀少"）就频繁起来了。

串姑娘的伙子一般不贸然登楼，只在姑娘的竹楼下吹葫芦丝，用委婉的琴声倾诉爱慕之情，召唤姑娘下楼幽会。姑娘如果有意与伙子相会，便收拾打扮一番走下竹楼与伙子相见。如果对求爱的伙子有意，会在父母进入卧室之后，邀请伙子登楼，在火塘边倾心交谈，通宵达旦。

无意与伙子相见的姑娘，则不答不理，走进卧室装睡。执意要见姑娘的伙子，遭到冷遇也不灰心，不停地在楼下转悠，不停歇地吹起葫芦丝，想方设法逗引姑娘。有的还会用竹竿木棍去顶撞姑娘床下的楼板，表达不得相见决不离去的决心。有时本来不愿下楼的姑娘，也会被诚意所动走下楼来。男女在楼下相见以后，如果谈得投机则越谈越亲近，渐渐坠入情网。两人感到情投意合，便同披一条毯子坐在楼下，在甜言蜜语中不知不觉地度过一夜。

串姑娘的范围没有地域的限制，要是小伙眼光高，对本寨姑娘看不中，或本寨中意的人不答理他，伙子则不嫌路途远近，会穿越田野，到外寨去寻访意中人。

姑娘如果想主动寻找伴侣该怎么办？虽然没有姑娘主动上门到伙子家串访的规矩，但她们自有妙招，这一恋爱方式傣语称为"儒控"。"儒控"，就是一群择偶的姑娘相约在秋末冬初的夜晚，在寨子的空地上设置一个纺线的场所为掩护，点燃篝火，集体纺线，吸引伙子走近身边相会。在天黑时，姑娘们梳洗打扮好，端上一张纺车，带上两只竹凳到场地上纺线。她们的长筒裙下各藏着一只凳子，以备访客光临。欲串姑娘的小伙子，见到寨场上的火光，就会梳洗打扮，披上毯子，带上手电筒，走进纺场。

与纺线的姑娘初次照面的小伙子，一进入纺场便打开手电筒

"选美",照射姑娘的脸。姑娘们半遮半掩,忸忸怩怩地让伙子照来照去。伙子看中某个姑娘以后,便主动靠拢,用葫芦丝倾诉爱慕之情,或对着姑娘耳语,进行挑逗。姑娘若对伙子有意,便会抽出竹凳,让伙子坐在自己身边;如对来者无意,任其挑逗也决不让坐。遭到冷遇的伙子,便会知趣地离开,重新找寻中意的姑娘。纺线的姑娘,一旦让某个伙子坐在跟前,便与之热情交谈,时而停住纺车,逗乐嬉戏。夜深人静之后,这对有情人便合披一条毯子窃窃私语,甚至会持续到黎明。

5. 拴住"灵魂"的婚礼

在傣乡不当和尚就别想娶老婆。

这在汉族看来是不可思议的,我们都认为出家人是与婚姻无缘的,傣族却不这么认为。傣族是一个全民信仰南传上座部佛教(也称小乘佛教)的民族,小男孩长到七八岁都要进寺庙这所"学校"当和尚,学习傣文经书。不仅佛教知识而且学傣文,成年后多数人再还俗。所以过去没当过小和尚的男青年就相当于没进过学校的没知识的人,这样的人在傣乡是没人看得起的,姑娘们又怎能喜欢没有"文凭"的伙子呢?

傣族男子不仅结婚的资格怪,婚礼也有两怪,一是"女娶男嫁",二是举行仪式时要把新人的手"捆绑"在一起。

自古以来,汉族的传统是"男大当婚,女大当嫁",男子"上门"多是不得已而为之:或因家境贫穷,或因女方是独女。如果男子"上门","嫁"到女方家,男方一般会觉得不太光彩。在傣族地区,女娶男嫁习以为常,一般实行从妻居的习俗,傣语叫"兵黑",即男到女方家上门。先把儿子"嫁"出去,几年后再把媳妇娶回来。笔者以为这习俗其实也有道理,汉族嫁姑娘,在很多人观念中总认为,养女儿是"贴钱货",养大了是人(夫)家的人。傣族也许也意识到这一点,然而他们聪明地先让儿子"嫁"过去,相当于男方义务到女方家干几年活作补偿，以报答女方父母养育之恩。

傣族的婚礼在女方家举行。"兵黑"的时间由男女双方的父母在婚礼前磋商，一般为三至五年，也有的一辈子都住在妻子家。

婚礼开始前，新郎新娘先要到佛寺去拜佛，祈求吉祥幸福，白头偕老。男方家要邀请许多亲朋好友到女方家参加婚礼。他们陪着新郎，一路敲着象脚鼓和芒锣，喜气洋洋地来到女方家，沿途还鸣放鞭炮，以增加喜庆气氛和驱除邪魔，婚礼首先从女方家的门口开始：在地上铺一条花毯，在上面摆一张小供桌，桌上摆放着鲜花和果酒。

男方要走进女方的家，需要过三关：一是到门口时，竹门已经关闭，男方需放鞭炮、付礼钱，门才打开让男方通过；二是登竹楼时，男方若被女方的人阻拦，需付礼钱才能登楼；三是进了屋后，新娘被藏起来。要见新娘，男方需付礼钱和敬酒，几番求索，几经周折，新娘才被送出来。这一系列过程包含着考验新郎的意味，充满了欢乐和喜庆的气氛。

婚宴开始以前，在竹楼的堂屋里摆上一张圆桌，上面放着两个用芭蕉叶做成的圆锥形帽子，傣语叫："索累东"，下面放着煮熟的雌雄鸡各一只。桌上还放有男方送给女方的礼物，如衣服、筒裙、银裤带、手镯等。此外放着糯米饭、红糖、芭蕉、盐巴、白线等。

拴线仪式开始，新郎新娘排跪在婚礼桌前，接受老人的祝福和来宾的祝贺。贺词完毕后，新郎新娘每人从桌子上捏起一团糯米饭，在酒里蘸一蘸，然后每人在酒上、鸡上和盐上连点三次，点完后双手把饭团放回桌面。这样一蘸三点，象征着将来小两口过日子什么都有。这时，主婚人拿起桌上一根长长的白线，分别从左至右拴在新郎新娘的肩背部，象征着把两颗心系在一起，结下百年之好，永不分离。拴线，傣语称为"树欢"，其意是"拴魂"。然后主婚人又拿起一根长长的白线，在新郎新娘左右手腕上各缠上一缕，祝福新婚夫妇幸福吉祥，生的儿子会犁田、盖房，生的姑娘会织布、栽秧……接着，在座的老人们也纷纷拿起白线，分别拴在新郎新娘的手腕上，祝福新婚夫妇幸福吉祥。

拴线结束后，便开始宴请宾客。席间，新郎新娘要殷勤地向宾客敬酒，宾客也会提出各种各样的问题，要新郎新娘回答，有的则要求新郎新娘表演节目等，不时逗得大家开怀大笑，气氛热烈而活跃。

婚礼过程中，傣族歌手赞哈的演唱是决不可少的。傣家人常说：没有赞哈的婚礼不热闹，酒也不好喝。因此，婚礼是男女赞哈们大显身手的机会。人们一边吃菜、喝酒，一边听赞哈们演唱，唱到精彩处，人们会爆发出"水、水、水"的欢呼声。赞哈演唱之后，参加婚礼的宾客和新郎新娘一起跳舞。在铓锣和象脚鼓声中，人们聚集在庭院里或广场上翩翩起舞，通宵达旦。

关于拴线来历的传说很多。有的说，古时候有个穷孩子在王宫里当仆人，一天公主问他："以后我会嫁给谁呢？"穷孩子直言不讳地说："你会嫁给我。"公主认为穷孩子竟敢说出这样的话来侮辱她，真是胆大包天。一气之下，拿起一把小刀向小仆人砍去。几年之后，这个穷孩子经过许多周折，成为另一个国家的国王。不久，两个国家联姻，那个国家的公主正好嫁给了这个穷孩子。当公主发现夫君头上的伤疤时，悔恨万分，当即向丈夫道歉。为了表达他们之间坚贞、纯洁的爱情，就请老人用洁白的棉线把他俩的手腕拴起来，表示他们已把灵魂拴在一起，永远不分离了。

还有一种传说，古时候有个小和尚跟着大佛爷出游，碰到一个正在锄地的哈尼族小姑娘，大佛爷告诉他："她将来就是你的妻子"。小和尚看不起哈尼族，就用锄头向姑娘头上猛砸过去，她顿时倒地，鲜血直流。小和尚以为她死了，扬长而去。姑娘被一对傣族老夫妇救活，收为养女。几年后小和尚还俗，和一个傣族姑娘一见钟情，结为夫妻，并生下了孩子。一次，孩子问母亲头上的伤疤是怎样来的，母亲照实说了。在一边听着的丈夫悔恨不已，旋即向妻子承认了错误，妻子也原谅了他。为了表示真挚的爱情，他们用白线把两人的手腕拴在一起，表示永不分离。为了纪念这对夫妻忠贞的爱情，后来人们举行婚礼时，就有了拴线的仪式。

仆人成为国王的可能性有百分之几？把灵魂拴在一起更是种美好的愿望吧！两个传说，我们可以不追究它的可信度，只体会它所包含的哲理：我们不能蔑视、伤害地位低下的人，否则说不准他（她）有朝一日会变为我们最亲近的人。

傣族离婚的习俗方便得出奇，想离婚，只要妻子把一支蜡烛递给丈夫，丈夫再把它一刀切为两段，两人的夫妻关系便算中止了。虽然手续简单得不能再简单了，可是从古至今傣族离婚的夫妻都较少。也许这跟傣族优秀的婚恋文化不无关系吧，自由恋爱和庄重的婚礼仪式无疑是有益的。

6. 甘愿被"抢"的新娘

被抢劫是意外飞来的横祸，是无可奈何的倒霉事，可是世界上还有被抢者，事先已知将遭抢劫，而故意凑上去的事，你相信吗？这不是演戏，却很像演戏，有时候照样刀光剑影。

僾尼人是哈尼族的支系，在西双版纳的僾尼人实行宗族外婚制，同一宗族内一般不联姻。僾尼人长到十五六岁便举行成年礼，之后就可以进行婚恋了。男孩成年时，将牙齿染为黑色，姑娘成年时不仅要将牙染黑，还要改变打扮，更换衣帽式样。用彩色鸡毛、彩缨装饰帽子，穿上镶有银牌、银泡的衣服，腰里系上用丝线编织而成的、绣着美丽图案的飘带。这条飘带等于向小伙子传递一个信息："我已经长大，你可以和我交朋友了。"要寻找伴侣的小伙子看到，就会大胆地利用各种机会去和姑娘接近，显示自己的才能，以博取姑娘的青睐。僾尼人不论男女老少都喜爱唱歌、对歌。逢年过节，婚丧嫁娶，宴请宾客，田间劳作，时时处处都会响起歌声，或套用老歌，或即兴作词。小伙子与姑娘初认识，常用唱歌试探，一步步加深了解，然后幽会，进一步接触。如果彼此情投意合，双方就会交换定情信物。

互赠过定情物的青年男女，就会将实情告诉父母，然后履行求婚的礼仪。男方家长需请能说会道的媒人，带上一瓶米酒、一包草烟，到女方家中去求婚。女方父母如果接过媒人的敬酒，表示同意儿女的婚事；如果不接敬酒，表示拒绝。一般情况下，女方父母决不轻易接受媒人所敬的烟、酒，常常找出许多借口，如女儿年幼无知，或父母离不开女儿等，拒绝男方的求婚。有趣的是，有时候女方还会请亲友出面来给媒人找麻烦。他们会趁媒人不注意时，将媒人带去求婚的烟酒暗藏起来，指责媒人不懂礼节，登门求婚不带礼品。有时女方亲友会端上大盆、大碗向媒人要酒喝，故意作弄媒人。碰到这种情况，媒人要随机应变，揭露对方所要花招，反唇相讥，使其无话可说。

遭到女方父母的拒绝以后，男方父母和媒人应再次带礼物登门相求。因为女方父母拒绝婚事多数是故作姿态，并非真意，只是想借男方登门求婚之机抬高女儿身价，让男方反复恳求，方才应允。因此，媒人要因势利导，讲解双方联姻的好处，对女方父母提出的问题进行耐心解释。有时还得展开唇枪舌剑，使女方父母无法拒绝，不得不接下媒人带来的礼物，喝下媒人敬给的酒，把婚事决定下来。爱伲人的求婚，一般是三次定夺。经三次求婚不应允者，一定另有原因不便明说，求婚不成将影响男方家族在寨内的威信，并会败坏伙子的声誉。如果遇到这种情况，男女双方又情真意切，"抢亲"的事件便发生了！听到"抢亲"二字，我们都会十分惊奇，可是在当地却没什么了不起的，姑娘会很乐意被"抢"，因为抢亲是合理的，也是合礼的，它是僾尼人的古老婚恋习俗。姑娘会与伙子暗暗商量，策划一场"抢亲"闹剧。双方把"抢亲"的时间、地点定下来以后，伙子的亲友按计行事，在预先约定的地方潜伏，姑娘如约按时自投罗网，让伙子及其亲朋好友"抢"走。姑娘被"抢"时，要装模作样高声哭喊呼救。当地人深知奥妙，看到后笑而不睬。姑娘被男方"抢"走以后，一般在亲戚朋友家藏匿几天，造成"米成饭、木成舟"的态势，男方再登门求婚。

面对此情此景，女方父母再也无法拒绝，只得应允婚事。"抢亲"多是昔日追求婚姻自由的青年,对父母包办婚姻的一种反抗,新中国成立后,此风俗已不多见。

在商定婚期的时候,姑娘的父母往往不再拿架子,显得谦虚客气。他们会热情招待媒人,当着媒人和男方亲属的面,令人难以理解地尽讲女儿的"坏话"(不足之处),不讲女儿的长处。诸如脚不勤手不快呀,不懂礼仪呀、毛手毛脚呀,等等。其实这恰恰显示了僾尼人的高明之处,这就是人们常说的"把丑话说在前",不让男方在成婚后挑剔毛病。婚期一经确定,便按自家的经济情况,给女儿准备嫁妆,让女儿高高兴兴地出嫁。

7. 抢头巾撕衣服才是爱

在西双版纳有一个被称为"猎虎的民族"——拉祜族,他们是云南省特有的民族之一。"拉祜"是该民族的自称,"拉"的意思是"虎",在火边把肉烤到发出香味的程度叫"祜"。

这是一个"我的恋爱我做主"的民族。不过谈婚论嫁时按传统,只能在本民族内婚配,很少与其他民族通婚。

十五六岁的男女青年,就可以参加社交活动,挑选意中人了。上山劳动,节日喜庆等等活动,都是男女青年相识交友的好机会。若一见钟情或互有好感,就可以去串寨子进一步接触加深了解。

每当夜幕降临,村寨中优美动听的芦笙就响起来了。男女青年常吹着芦笙和口弦(响篾)在寨庙、寨场附近结伴开展对歌活动,用歌声试探对方心意,寻觅中意的伴侣。对歌的内容,有互问家庭情况的,也有问有关生产、生活知识的,更多的是表达情爱的。

有姑娘唱道:"红花开在山崖上,山高路陡入云端,要上高山难上难,好花专等英雄汉。"

有小伙答道:"只要鲜花哥喜爱,不怕开在彩云间,山高九千九百丈,我有天梯高万丈。"

对歌中一旦发现其中哪一对相互有意,大家便会停止对唱,支持那对男女对歌谈情,并为其出主意编歌词表达心声,对歌不仅传情,还加了斗智。有时还有人帮腔代唱,使俩人越唱越有情,最终成为情侣。

有时小伙子们来到姑娘窗下,让芦笙的旋律飞进姑娘的闺房,如果姑娘确认这位吹奏者是自己朝思暮想的情人,那么心弦就会被拨动,就会心花怒放地走出闺房与他会面。

在父系制占主导的地区,小伙子一般是寻偶的主动者;在母系制占主导的地区,姑娘则充当主动者。如果姑娘爱上了某个小伙,不管道路多么难走,距离多么遥远,"妹妹"会吹着口弦"大胆地往前走"去找心上人倾吐爱慕之情。

每年春节和火把节来临时,拉祜人都要开展跳歌活动。特别是过春节时,全寨男女老少在寨场集中跳歌,有的时候会连续十多天。

青年男女趁跳歌之机谈情说爱,小伙子往往夹杂在姑娘中间,与姑娘握手同舞,用耳语挑逗,以手指表达感情。小伙子一旦看中某个姑娘,便一直与她共舞,并作出许多爱慕的暗示。

在舞曲告终时,小伙子会伸手抢去姑娘的头巾,离开寨场,引姑娘与他单独幽会。姑娘若对小伙子有意,便会跟随而去,找个僻静的地方倾诉衷肠。若对小伙子无意,可追去抢回头巾,也可不加理睬,事后托人送点礼物给抢头巾的小伙子,再索回头巾;小伙子接到礼物,也应以礼回赠,将包头巾归还姑娘。过去生活很艰难,人们的衣服破了总是补了又补,可是某些时候,反倒欢迎别人把自己的衣服撕破呢!有些地方的姑娘看上某个小伙子,就在舞曲告终时撕破他的衣裳,有时撕不破也要留下记号,这等于传出"我爱你"的信息。这种时候被撕的小伙子,如果也看得上那姑娘,哪有不高兴的?小伙子就会立马与她相约幽会。

男女青年经过公开谈情和幽会,确定了爱情关系以后,要互赠定情信物。拉祜人恋爱十分自由,结婚却必须找"中介"帮忙,小伙子把心仪的姑娘告知父母后,男方父母便及时托媒人,带上米酒、茶叶、烟草等礼物到女方家求婚。女方父母哪怕对这一未来女婿很中意，也要故作刁难，让媒人三次登门，才会答复。如果同意联姻，便收下礼物，并择日举行婚礼。

西双版纳拉祜族既有从妻居的古老习俗，也有从夫居的习惯。因此，商定婚期时，还要决定是从妻居还是从夫居。从妻居者，在妻家举行婚礼，婚宴主要由女方操办；从夫居者，在夫家举行婚礼，婚宴主要由男方操办。举行婚礼这天，男女双方都要杀猪。双方互送半个猪头，将两家的猪头相互重合，表示"骨肉相亲，新婚和合"。家庭经济特别困难的人家，若无力举办婚宴，男女双方相约离寨，在山上同居几宿，再返回家中，表示二人已结为夫妇。对此，村民亦表示认可，并不歧视。

婚礼一般都在秋后举行。这天，新郎新娘要一同下山背水，一同上山砍柴，然后将新背的水，新砍的柴送给女方家，同时还要献饭给岳父岳母。接着，新郎新娘再回到男方家里献水献饭，再到寨庙里磕头和供奉礼肉。接着，由村寨老人主持祭寨神仪式。祭礼完结，新郎新娘再到男女双方家里祭祖和敬拜父母亲戚。上述这些仪式完成后，举行婚宴，接着便进入婚礼的高潮——大规模的对歌活动。人们吹起芦笙，载歌载舞，庆贺这对拉祜儿女成婚，往往要庆欢到半夜才结束。

笔者非常赞赏拉祜族的婚恋习俗，不重男轻女，可从妻居也可从夫居；不受世俗框框套套的约束，一切从实际出发，以方便和个人喜好为准，十分人性化。他们的婚礼更是不受繁琐仪式的桎梏，不为争脸上的"风光"而欠债累累，其实只要有真情实爱，何必大操大办，即便请来万千宾客证婚也难保证白头偕老。拉祜族青年男女恋爱十分自由，他们会爱、敢爱，世代追求婚姻自由，如果遇上父母阻挠自己择偶，宁死不屈，双双殉情，表示反抗。婚后对爱情非常珍惜，非常忠贞，他们严格遵循一夫一妻制。他们恩恩爱爱，常常一同上山打猎，下河捞鱼，厮守一生不相离。美满的拉祜族家庭比较稳固，离婚的极少。

8. 三次婚礼才成婚

为什么布朗族与傣族在宗教、文化、生活等方面有许多相同的地方？古代的布朗人信仰原始多神教，崇拜鬼神，他们崇拜的鬼神有90多种。自从小乘佛教传入布朗族地区后，布朗族就出现了原始多神教和小乘佛教并存的多元状况。布朗人的小男孩与傣族一样都要进寺庙这所"学校"当和尚，学习傣文经书。

西双版纳布朗族青年有恋爱自由的传统，然而这个自由并非是无限的，是有严格的范围限制的。氏族或家庭内部不允许通婚，一般也不允许和外村寨人成亲，特殊情况例外。布朗族青年成熟比较早，一般十四五岁就开始婚恋。姑娘到这个时期，便开始染齿，并把儿童时期在耳垂上缀着的纸团或布团取掉，换上四五寸长的银耳环，也可用其他代用品，让耳环上的彩色丝线一直垂吊到肩头上，开始涂脂抹粉。布朗山寨的姑娘虽然没有高级的化妆品，但是，姑娘们会采用各种办法，涂红面颊和嘴唇，彰显青春魅力。

爱花是姑娘的特点，布朗族少女极喜欢把鲜花插在白头巾上或是缀在耳环彩色丝线上，使自己变得更妩媚。青年男女们在节日活动和生活过程中互相认识之后，如果小伙子爱上了某位姑娘便会投其所好，将从山上采来的鲜花奉献给姑娘求爱。姑娘如果对献花的小伙子钟情，便会把鲜花插在包头巾上。小伙子见到这个初步许诺的信号之后，便会寻找机会与姑娘幽会，若姑娘无意，接到鲜花以后只是笑笑，闻闻味儿，便把它丢掉。碰到这种情况，小伙子们不会马上死心，他们认为姑娘这样做并不一定意味着无情，其中也有嫌花儿不美和试探小伙子求爱之心是否真切等因素。所以姑娘们拒绝戴花之后，他们还会采集更香更美的鲜花一次次地给姑娘送去，直到姑娘把鲜花戴上或遭到其他拒绝爱情的暗示为止。

戴花对那些人见人爱的姑娘，却成了发愁的事！她们往往会同时收到几个小伙子赠送的鲜花,麻烦的是几个小伙子相中了同一个美丽的姑娘,也相中了同一种美丽的花。这时姑娘戴也不是,丢也不是。戴出花来,会惹得几个小伙子同时来找她幽会谈情,把花丢掉,又怕自己心爱的那个小伙子见了伤心。碰到这种情况,姑娘只好把花装在筒巴里,想法儿与自己中意的那个小伙子相遇,然后掏出鲜花当着他的面往头上摆插一下,又赶快把它拿下来。这样做,既向心上人表示了情意,又避免了误导其他小伙子。

以歌为媒,也是布朗族小伙子向姑娘求爱的方式。青年们外出劳动之时,那些歌喉洪亮的青年男女,常在田间地角、坡头谷底尽情放歌。每当发现自己心爱的人时,便会唱起委婉而动听的歌,用歌声求爱。在勐海布朗山上,人们常常可以听到这样的山歌:

山间的缅桂花哟,为什么开得这样美?这醉人的芬芳,春风可曾吻过你的蕊?蜂儿可曾采过你的蜜?

这边歌声一落,那边又会飘来一首回答的歌:

上山采蜜的蜂子哟,为什么闭着眼睛乱飞?缅桂花刚刚含苞待放,春风不曾吻过初放的花蕊,花蕊刚刚吐露芬芳,想采蜜糖的蜂子哟,为何不歇落在桂花树上?

此起彼落的歌声搭起了一座座彩桥,青年们通过这座座彩桥,结成了一对对情投意合的伴侣。

夜访更是布朗族青年谈情说爱的主要方式。这种夜访活动多数是在"翁瓦萨"期间进行(翁瓦萨在傣历十二月十五日至次年九月十五日,约在公历十月中旬至次年七月中旬)。每当深夜,小伙子们便弹着三弦琴或是唱着委婉的情歌到姑娘家里拜访。夜访有群访,即几个小伙子一起到一位姑娘家;还有单独拜访。前一种多属社交性质,也可能是几个小伙子同时追求一个姑娘;后一种夜访事实上就是谈情,布朗语称其为"邀贯奇",即串姑娘。对于来访者,姑娘一般不能拒绝,要以礼相待,即使她已经有了心爱的人,也不能拒绝来访者,她所爱的那个小伙子也不能妄加反对。在开展夜访活动的那一段时间里，小伙子一般不在自己家里住宿，到哪个姑娘家夜访，便在哪家留宿，一般是住在火塘的左侧。让来访者住宿是女方的义务，来访的小伙子们如果发现他们所追的姑娘已经和别人特别亲近，便会主动退出。

布朗姑娘一般不到男方家夜访，她们与男友相会的办法是在寨场上纺线，具体做法与傣族相似。

男女青年的恋爱关系确定之后，男青年便把此事告诉父母，由父母请一位老人带上一包茶叶、一包草烟去向女方父母正式提亲。女方父母如果同意这桩婚事，便收下礼物，请亲戚朋友和头人来吃草烟和喝茶，向朋友们公开女儿的亲事，并商定婚期，准备给女儿举行婚礼。

布朗族青年的恋爱轻松，结婚却很麻烦，婚礼一般都要举行三次。第一次婚礼是在女方父母收下媒人的礼物之后举行，布朗族叫"甘伯"。当预定的婚期来临时，男方的亲戚朋友，带上鸡、肉、草烟、酒，把新郎簇拥着送到新娘家中，说明两个年轻人的爱情关系。由女方父母将礼物分送给本家族的老人，表示两人正式订婚。从此新郎便可在女方家与新娘同居，夜来朝去，不参与女方的任何家庭事务和生产劳动。

男女同居一年后，再举行一次较隆重的仪式，叫"甘内木"，类似汉族的成婚仪式。从前，这种仪式由"达曼"（村社头人）主持，由达曼宣布婚期和地点，邀请亲友乡亲赴宴。男女双方主人要杀猪、宰鸡，将一个猪头和一只鸡送给主持仪式的头人。举行婚宴时，男方要蒸一甑掺有猪心、猪肝的米饭招待全寨儿童，祈求神灵让新婚夫妇早生贵子。仪式结束之后，新郎仍然夜来朝去，白天仍然回父母家里进行生产劳动。在此期间如生儿育女，属女方家族成员，由女方抚养。这种夫妻生活方式被学者称为"望门居"。

三年后如果双方情投意合，感情很深，再举行第三次婚礼。这次婚礼叫"甘教特"，须选择吉日举行。并请亲友一道去迎娶新娘，此时新娘才算正式出嫁到男家，子女也归入男方家族。举行这次典礼时由男方杀猪备办酒席,请亲友赴宴,并给寨内家家户户分送一小块猪肉。迎娶新娘时,女方送亲的亲友,带着嫁妆与新娘上路,路上新娘应放声痛哭,用悲痛的哭声和泪水来感谢父母的养育之恩,来表示依依不舍之情;如若不哭,父母会感到伤心。对不哭的新娘子,也许新郎官也并不一定喜欢,因为娶了个"冰美人",对父母感情不深的人,对夫君,难道会很重情吗?第三次婚礼仪式很庄严,与傣族的近似,过去是由头人现在则是请德高望重的老者为新人祝福、祈祷并拴上白线。然后大宴宾客,富裕人家还会请歌手唱歌祝贺。

布朗族一般是一夫一妻制,自由恋爱后,又经过三次婚礼的考验,所以婚后离婚的人少之又少。

9. 爱得深咬得疼

来到西双版纳,也许你会在某种场合看到某个男人咬女人一口,不要去管这种闲事,人家是"周瑜打黄盖,愿打的愿挨"。在我们眼中撕咬绝不是友好的表示,但是"此一地非彼一地"。

西双版纳瑶族青年有恋爱自由的传统,然而这个自由并非是无限的,是有范围限制的。只能在本民族内通婚,按过去的传统做法,各家的闺女长大成人后,要谈婚论嫁时,首先考虑嫁到舅父家。如果舅父有儿子,这儿子就有娶表妹的优先权,如果舅父没有年龄适合的儿子,才能考虑其他人。

瑶族男青年举行成年礼叫"度戒","度戒"以后,便可自由寻侣。初期的谈情说爱,多称为"唱风流",即以对歌的形式交流感情。瑶族对歌的传统规矩条条框框很多,我以为"游戏规则"过多,风流就被打了折。例如本寨男女青年不能对,只有一男一女时不许对,在家中和劳动时也不能对。"唱风流"多在开展节庆活动和有人举行婚礼时借机举行,并且只能集体对唱。另外对歌的歌词不能赤裸裸地谈情说爱,必须含蓄。平时青年人要"唱风流",为了不触犯老规矩,不甘寂寞的年轻人只好集队离寨远涉他乡,邀请外寨姑娘到寨外对唱。受到邀约的姑娘也举寨出动，集队与男青年对歌。

年轻人在生产劳动中结识后，通过节庆活动和"唱风流"对歌交流感情，暗中选择好意中人后，便寻找机会单独接触，表达爱慕之情。

当男女双方都觉得情投意合，要确定爱情关系时，小伙子要含住姑娘的手臂咬上一口以表达爱情的忠贞。民间有谚语说："咬手疼进心，爱情才忠贞。"这一咬，可难了！咬得太轻，会被姑娘视为爱情不深，不疼不痒；咬得过重，在姑娘手上留有伤口，一旦被人发现，又会成为笑柄，被戏称为被狗咬了。所以咬手是一门难把握的"技术"，又没法先实习。不过局外人不必操心，当事人在咬的过程中自会沟通。瑶族青年经这一咬，就算咬定了终身。双方把准备成亲的意中人告知父母后，经双方父母认可，就可商定成婚的大事了。

举行婚礼时，不仅要设宴招待亲友，并且要组织迎亲人员到女方家中迎接新娘。全村男女老少都会赶来唱歌祝贺，未婚青年趁机相聚"唱风流"寻对象。次日，新婚夫妇"回门"，到女方家中探望父母。过去许多人因贫穷，难以承担聘礼等举办婚礼的开支，便到女方家上门做"招郎婿"。上门的男子，在"回门"时，应由媒人、亲友陪送，"回门"以后就不返回父母家，从此正式加入女方的"家籍"，所生儿女也跟随母姓。

如果夫妇离异，须请"月老"出面断处。夫妇双方各持一把柴刀、一节竹筒，到村寨外将竹筒破成两半，各持一半相背而走，即表示脱离夫妻关系，双方可另寻新人重结婚。

10. 难破译的树叶情书

过去在基诺山的林间小道上，如果发现新摘下的植物叶片上有嚼槟榔后吐出的红色汁液之类的东西，可千万别去动，否则不经意间就坏了别人的好事！个中缘由且听下文分解。

基诺族多聚居在基诺山，过去他们的婚恋非常自由，青年男女婚前的社交活动不受任何约束,婚前生子也不受歧视,在母系的大家庭中照样生活。1950年之后,这种习惯已逐渐改变。基诺族的传统婚恋,一般都要经过"巴漂"、"巴宝"和"巴卓"三个阶段,即秘密交往、公开爱情关系、同居,最后举行婚礼,正式成亲。

青年男女在婚恋以前,先要举行成年礼,然后方可寻找伴侣。青年们有谈情说爱的广阔天地,方式灵活多样,上山砍柴,下地劳动都可以交友。有时还隔山唱歌,以歌声传情求爱。

走进基诺族村寨内,一般都能见到一幢大公房,被称为"尼高卓"。"尼高卓"是年轻人进行社交活动的公共场所,有些类似现代社会的酒吧或夜总会,但无须高消费,也没有豪华设施,内部只有竹凳、竹床。每当夜幕降临以后,未婚青年大多集中在"尼高卓"内,男青年弹弦子,女青年吹口弦,自由对话、唱歌。有情人,常成双成对地聚在一起,说说唱唱,交流感情。年轻人在生产活动和"尼高卓"公房内的娱乐活动中交往结识,互相爱慕后,便升级为"巴漂"——秘密幽会的阶段。

四季花开不败的西双版纳,为各族青年男女源源不断地提供着取之不尽的花朵作为爱情信物。基诺青年也用鲜花表白爱情,可是他们与布朗族恰好相反,由姑娘唱"主角"发出信号,把花送给伙子,传递幽会的邀请。伙子以戴花表示有意,以不戴花表示拒绝。帅哥难免走桃花运,遇上同时收到若干朵相同鲜花的难题,聪明小伙自有解决办法。看到戴花人你有情、我有意时就可以在夜里找个无人干扰的地

基诺族少女

方，去倾诉衷情。

嫌鲜花难于表情达意时，还可以摘片树叶做情书，不过这是基诺山的"密电码"只有基诺人才能"破译"。在林间小道上，有时可见新摘下的植物叶片上，吐有嚼槟榔的红色汁液，那便是情人们传递的幽会或表白感情的"情书"。不同的内容选不同的树叶做纸，如果槟榔汁液吐在蕨类植物叶上，那是嘲笑情人的人品差，如同供人垫座的蕨叶；如果槟榔汁液吐在扫帚上，又摆上三片用红线拴着的苦马草叶，那是表示俩人的心已相交相融，草枯叶烂不变心。"树叶信"摆放的位置也有讲究：摆法暗示着相见之地，有心人才能找到幽会地点。看到别人的树叶信，千万别乱动，如果做了改变，弄不好会导致情侣反目成仇。

经过一段时间的"巴漂"，双方都觉得情投意合，便互赠定情物，由"地下活动"走向公开，进入"三部曲"中的最高阶段"巴宝"。年轻人互赠的定情物多是小刀、烟斗、耳塞（耳环）、挎包。一旦定情，便公开往来，互相照顾，小伙子可以深夜登楼，与女友同居一室，雄鸡打鸣即下楼离去，女方父母发觉也不干涉。同居期间双方感情不好，可另选情侣。若双方关系最终确定，则择个日子，黎明时男子不再离去，而是留下给女方家背水、扫地、烧洗脸水，这是向女方父母及其他人宣布，他和这女子即将要结为夫妻了。次日女子到男方家劳动一天，此后不仅经常换工劳动，而且按惯例允许公开同居。情人同居的时间，依各自的家庭经济情况而定。经济条件好的人家，在同居一段时间后便应举行婚礼，在男方的大长房内（基诺族往往三、四代同住在一幢大长房内）占有一个火塘，享有一个小家庭的权利；经济困难，无法举行婚礼者，可一直同居到有条件时再举行婚礼。

基诺族男女双方的舅父在婚姻中起着关键性的作用，甚至超过了姑娘的父母，这是为什么？原来有历史根源，基诺族自称"基诺"，意思就是"舅舅的后代"或"尊敬舅舅的民族"。按传统举行婚礼前，男青年要请自己的舅父或村社头人为媒，带上一定礼物去向女方父母求婚。女方的父母允诺了，还不行，还要由姑娘的舅舅点头才算数。然后请"莫麦"（会推算日子的人）择吉日，定婚期。婚礼前，男女双方都要给舅父送三次酒、肉作礼。男方还需给舅父"接人费"，给女方母亲"奶母费"。举行婚礼时，男方宰猪祭祀，将猪头、猪脚献给卓巴、卓色等头人。按照女方长房内火塘的数额（一个火塘为一户）分送酒、肉。

婚宴在男方长房内举行。举行婚礼之日，新娘应重新漆齿，梳洗打扮后，躲藏起来。下午时，男方亲友在卓巴、卓色等长老陪同下前往迎亲。迎亲人员登楼以后，必须央求姑娘的舅父把新娘"找"回，男方应向女方舅父送礼钱，表示对"找"回新娘的感激。女方通常赠送生产工具陪嫁。新娘迎回来以后，新郎之母应给儿媳一个鸡蛋，并在儿媳手上拴一根红线，绕3圈，新郎的父亲要给她一只鸡脚，并在她手上拴红线。意为不但把姑娘的心拴住，连魂也给拴住了。新郎要敬新娘一杯酒，背着新娘登楼，由卓巴宣布两人自此已结为夫妻。男方必须向女方舅父赠银三两三钱，作为结婚证物保存。一般人家没有这么阔气，通常都用同等重量的瓷碗碎片用布包裹代替银子。举行过仪式后，即开宴。这时，昔日爱慕过新娘的伙子，会用淘米水泼洒新娘，表示对没有获得新娘爱情的"报复"。新娘也欢迎"报复"，多多益善。因为向新娘泼水的小伙子越多，说明曾经追求过新娘的人很多，新娘的身价也越高。

奇怪的是举行婚礼后的次日，新娘却不能在婆家进餐，要上山砍两次柴火，独自跑回娘家用饭。两天以后，新郎再亲自去将新娘接回。至此，婚礼才算结束。

过去基诺族的婚礼仪式繁杂，近几十年已逐渐简化。

11. 中外闻名的泼水节

成盆成桶的水朝着过路人泼去，被水浇的人有的在叫，有的只顾用小盆护着脸，且躲且退……

这是什么恶作剧？这是傣族在欢庆大年——泼水节，在互相祝福呢！

泼水节是傣族最隆重的节日，也是云南少数民族中影响面最大，参加人数最多的节日。傣族却不叫"泼水节"，这是外族人的叫法，傣族把这个节日称为"楞贺桑勘比迈"意为傣历新年。至今尽管许多人不知道这一叫法，"泼水节"却叫响世界了。近些年，原来的傣历新年在傣族、汉族、布朗族等民族以及中外游客广泛地热心参与下，泼水节已经成为一个具有魅力的东方狂欢节。

关于傣历新年的来历有一个伤感的民间故事，传说人间的气候本来由一位名叫捧玛乍的天神掌管。他把一年分为旱季、雨季、冷季，为人间规定了农时，让一位名叫捧玛点达拉乍的天神掌管施行。捧玛点达拉乍自以为神通广大，无视天规，为所欲为，乱行风雨，错放冷热，弄得人间气候失调，秧苗枯死，人畜遭灾。青年帕雅晚飞上天庭，向天王英达提拉诉说人间的灾难。帕雅晚不慎撞倒天门被压死。帕雅晚死后，天王开始用计惩处法术高明的捧玛点达拉乍。他变成一位英俊小伙子，佯装去找捧玛点达拉乍的七个女儿谈情。七位美丽的妙龄女郎同时爱上了他。姑娘们从小伙子的嘴里了解到自己的父亲降灾人间之事以后，既惋惜又痛恨。七位善良的姑娘为使人间免除灾难，决心大义灭亲。她们探明了父亲的生死秘诀。在捧玛点达拉乍酩酊大醉之时，剪下他的一束头发，制作成一张心弦弓，毅然割下了为非作歹的捧玛点达拉乍的头颅。可是那头颅落在地上立即燃起大火，无法扑灭。姑娘们只好将这头颅抱在怀中，轮换着一人抱一天。天上一天，等于地上一年，每位姑娘轮换下来，其他姑娘便用清水帮她冲洗身上的污秽，洗去遗臭。后来，傣族人民怀着对姑娘们敬佩的心情，每年这一天互相泼水，象征着给抱头的姑娘泼一次清水，帮她冲去身上的血污，成为了一种祝福。这就是傣族新年泼水的来历。

傣历新年佳节，多数在傣历的六月下旬，少数年份在七月初，相当于公历的四月中旬,传统的过节时间,一般是3天。泼水节的活动内容丰富,第一天称为"麦"相当于阴历的除夕,各户要打扫卫生,准备过年的食物用品,吃年饭。第二天称为"脑",是个多余的日子,不计算在旧年内,也不计算在新年内,称为空日,传说这天就是捧玛点达拉年头颅腐烂之日。这天通常要举行泼水活动,纪念为民除害的天女,以圣洁之水消灾免难,互祝平安幸福。第三天叫"麦帕雅晚玛",据说就是帕雅晚的英灵带着新历返回人间之日,人们习惯将这一天称为"日子之王"来临。按照传统习俗,这天要"赶摆",放高升,划龙船庆祝新年的来临。

在泼水节这天,大清早人们就采来鲜花绿叶到佛寺供奉,担来清水去"浴佛"——为佛像洗尘。"浴佛"完毕,集体性的相互泼水就开始了。一群群青年男女用各种各样的容器盛水,涌出大街小巷,追逐嬉戏,逢人便泼。象征着吉祥、幸福、健康的一朵朵水花在空中盛开,人们尽情地泼,尽情地洒,笑声朗朗,全身湿透,兴致越来越高……

1961年4月,周恩来总理与缅甸吴努总理在泼水节期间来到西双版纳,和边疆各族人民共同欢庆了这个富有情趣的民族节日。总理的到来,使整个小城沸腾了,人们奔走相告,扶老携幼,怀抱鲜花拥向街头,用民族的最高礼节来迎接人民的总理。在火红的凤凰花树下,入乡随俗的周总理兴致勃勃地换上傣族服装,手拿银盆与各族人民互相泼水祝福。之后为纪念周总理与各族人民欢度泼水节的盛况,还在景洪市曼听公园建起了泼水纪念碑。

在诱人的泼水节期间我曾有幸两次受邀来到傣乡,得以亲眼目睹节日盛况,泼水节那天我们下了豁出去的决心,但是人可以全身湿透,相机却不能当"落汤鸡(机)",动了一番心思用塑料袋把它包扎妥当,只在镜头处留个小口。我们警觉地迂迴行进,街道上站满了各族男女,以青年居多,个个手里都拿着水盆、水桶、水枪、水管,向着每一个人尽情地泼洒。我们付出了被淋好几瓢水的代价才找到一个较隐蔽的制高点，拍下了一连串精彩的镜头，看到了一幕幕趣景，真是大开眼界。没想到平时看来很文雅的傣家人此时显出了豪放、狂野的一面。不仅卜冒（小伙子）出手"狠"，卜哨（大姑娘）们，也一点"不客气"。真是"水花放，傣家狂"！

红红绿绿的盆与桶泼出了数不清的水，四处飞溅的水花洒向不同肤色，不同着装的五彩缤纷的人群。泼出去的是一份祈福、一份抚慰，被泼湿的感受到的是一种关爱、一种洗礼。洁净的水，可以冲掉尘埃和晦气，洗出新年的洁净和吉利。到处是欢快的笑声、叫声，在这炎热的气候中享受了冲凉的快感，友好的爱抚，独特的欢迎。所以被泼湿的人们，哪怕全身湿透，都咧着嘴笑呵呵的，非常开心。

泼水节期间，人们从世界各地涌入西双版纳，图的就是尽情狂欢，热烈的泼洒让平时紧张、严肃甚至有些压抑的人们得以宣泄。当然你在尽情狂欢之际，要遵守以下五项原则：

一是严禁使用高压、强力水枪参与泼水；二是严禁使用脏水、污水参与泼水；三是严禁向执勤民警、摄影和摄像记者及老、弱、病、残、孕妇泼水；四是严禁向正在行驶的各类车辆泼水；五是严禁在行驶的车辆上向外泼水。

12. 澜沧江畔的焰火晚会

在景洪过泼水节，不但白天好"戏"连台，晚上也有精彩的节目。澜沧江畔看孔明灯、看高升，一直是景洪市各族人民节日中一项必不可少的活动。

傍晚，徐徐的凉风吹走了日间的炎热。我们来到澜沧江畔，夕阳下的沙滩上燃起了一堆旺旺的篝火，篝火边摆上了惹人垂涎的傣家风味小吃和各式烧烤。当地的各族男女老少和外地游客，三五成群地从四面八方涌向滨江大道，澜沧江畔顿时变成了夜间的闹市。

夜幕刚降临，雄伟的澜沧江大桥上空一声巨响。五彩缤纷的焰火像落花般从天空中散射开来，犹如宇宙中四处乱飞的流星雨；又像一只只巨大的孔雀,在夜空中快速闪动着彩翅。缤纷的焰火还没有结束,更多特色的节目开始了。多情的小卜哨,在澜沧江里放下一盏盏水灯,许下一个个美好的愿望,那一点一点闪亮的水灯顺着江水把美好的愿望缓缓捎去远方。

我们只顾看江中的灯,忽听旁边有人叫道:"快看孔明灯!"抬头一看天上挂上了几盏亮晃晃的"灯笼"。

江边黑压压的一群人正围着几盏大灯,我们走到灯前,看到放灯人是几个卜冒(小伙子),三四个人放一盏灯。孔明灯又叫"飞灯",为椭圆形,由棉纸裱糊而成,直径3米多,高5米多,下端留一圆口。圆口处用竹棍交叉做成"油盘架",摆上用牛油浸透的一大盘布绳,作点灯的燃料。飞灯升空,跟现代热气球的原理相似,靠的是热气。在点燃油盘之前,先要在地上燃着一堆微弱的火,把灯口撑开对准火堆,让热气冲飘进口里。我看着这个"大气球"逐渐膨胀、变圆、点火、升空,目送着这盏大灯徐徐升空,越来越高,越来越小,最后仿佛化做夜空里一颗明亮的星星。慢慢地以缤纷的焰火为背景的夜幕挂上了一盏、两盏、三盏……若干盏飞灯,构成了一幅奇异的"天象图"。

看到亮晃晃的孔明灯升起,在场的人群一齐仰首欢呼。听说远近的傣家村寨,只要有人看到红亮的纸灯笼从他们上空飘过,也会一呼百应地全寨而出,以同样的目光和喜悦的笑脸仰望那远处飘来的孔明灯!它简直就是傣家人心目中的吉祥、快乐与自豪的象征。放孔明灯的来历,据说是孔明曾经和傣族人民共同作战,在一次夜战中,孔明教当地人糊制这样的灯笼照明,一群灯笼升空后,藤甲军以为是漫天的火球,吓得不战而退,后来归顺了蜀汉。为纪念胜利和孔明的功绩,傣族人有了放孔明灯的习俗。据史家考证诸葛亮并没有到过西双版纳,但是人们总乐于把某些大事挂在代表着智慧化身的诸葛亮账上,譬如傣式竹楼的房顶,也说是按孔明之帽设计的。

伴随着嗖嗖的尖啸声"天象图"上又出现了新图像,这是"高升"飞向了夜空。

传说，放高升是为了纪念那位为消除人间灾难而被天门压死的帕雅晚。帕雅晚死后，天王英达提拉将历法重新修改后交给帕雅晚的亡灵，带回人间施行。新年这天，帕雅晚将带着全年的风雨信息返回人间，所以人们要燃放高升对他表示欢迎。

放高升是泼水节之夜的又一项精彩节目。高升是傣族兄弟自制的一种"土火箭"，它是将竹竿底部填以火药和其他配料，置于竹子搭成的高升架上，接上引线，就能燃放。傣家人觉得高升飞得越高越远的寨子，主人也越光彩、吉祥。所以，人们乐于在高升的制作上下工夫，追求精益求精。在拥挤的人群中，我们看到高升被点燃引线后，那强劲的力量，将竹子如火箭般猛地推入高空。吐着白烟的竹子，发出嗖嗖的尖啸声，在空中喷放出绚丽的烟火，犹如花团锦簇，光彩夺目，十分迷人。周围欢呼声、喝彩声此起彼伏，赞美声不绝于耳，好不热闹。

江边飘来阵阵美妙的音乐，我们循着钉锣和象脚鼓的乐声走去，前面是一群围着篝火晃动的人影。逐渐看清了人们在围观一群且走且舞的队列，舞蹈者以身着傣族服装的人为主，中青年人居多，其中也有老人与小孩。领舞的小卜冒高大帅气，小卜哨娇小俏丽，两个人都垂着眼略带笑意，跳得很投入，举手投足间似乎显示出几分庄严，整个舞队几乎都是这种格调。参加过发狂的泼水活动后，来看这些舞者，仿佛是看到另一种民族：前者狂放、勇猛，后者文静、温和。一曲终了，几分钟后乐声再起，此时的曲调节奏变快了，有了欢快的色彩。舞者的手腕时而内曲，时而外翻，十分灵活，不时发出吆喝，气氛变得很活跃。队列中的人尽情地舞着，把舞跳得有滋有味。舞队行进中不断有观众不甘寂寞争做"演员"，挤了进去，不多时越来越多的人挤了进去，围成了两圈，队伍有些乱了，舞姿的优美也被"打了折"，但吆喝声更响亮了，所有人都沉浸在忘形的欢乐中，舞者的兴致更加高涨。

夜深了，象脚鼓的声音渐渐疲惫，人们这才意犹未尽地散去。

13. 澜沧江上赛龙舟

在中国恐怕找不到比傣族更爱水的民族了，在傣族过大年的整个活动中，水几乎都在扮演着主角。赛龙舟是泼水节中的一个重头戏，玩的也是水。傣族对水的酷爱有着悠久的历史，赛龙舟的习俗也有着悠久历史，据史料载："车里宣慰司治则有竞龙舟之戏，士女如云，锦绣夹道，高升电织空中，清歌声满江上，洵佳辰也。竞舟者以先至目的地为胜，胜者宣慰使奖予银牌"。这段史料让古代赛龙舟的盛况鲜活起来，让我们仿佛见到如云的士女，听到满江的歌声，从中我们看出当年赛龙舟已不再是民间小打小闹的游戏，而是受到官府重视的有规模的大赛，还有银牌激励"斗志"！

举行赛龙舟这天，我们与穿着节日盛装的各族男女老少，早早来到澜沧江畔，在主席台附近选好了位置，等待观看激动人心的龙舟竞渡。4月中午的骄阳烤人，观众却不断涌来，两岸挤得水泄不通。打扮得如花似锦的姑娘们，撑着五彩缤纷的花伞，与江上披绿挂彩的龙船，船上着装艳丽的卜哨，交相辉映，构成了澜沧江畔一道靓丽的风景线。

景洪市每年都组织周边的乡镇在澜沧江上举行龙舟竞渡。每条龙舟由70至120名选手操桨。龙舟用铁椿木制成，船身上绘有华美的彩纹，披红挂彩，在木雕的龙舟尾上插1根饰有彩带的竹竿，参加赛舟的小伙头上缠一块红锦。还有筒裙龙舟队，水手全是女子。她们的龙舟比男队的更华丽，船身涂黄色的龙鳞，龙头上伸出两对长而弯曲的象牙，栩栩如生。参赛龙舟由景洪港前划至江边的主席台下，哪一队先到达目的地为胜。经过三轮的比赛后，最终以计时的总成绩评定名次。

一阵锣鼓声后，裁判的枪声响起，身着不同颜色节日盛装的水手划的龙船像箭一般往前飞去，每只船上都有1人站立击锣指挥。在雄浑的铓锣声中,船上人口中发出"哦哦哦"的号子声,岸上也有人在呐喊助威、鼓劲。选手们随着节奏奋力挥桨击水。江上,锣声、号子声、喝彩声,此起彼伏、声声相应,节日的气氛在这里达到了高潮……获得冠军的选手登岸后,被江滩上的人群围着载歌载舞,簇拥着走向主席台领取奖品。

有一个除暴安良的爱情故事,随着一年一度赛龙舟那激情昂扬、水花飞溅的欢腾场面,传诵了不知多少年。传说,古代西双版纳有个勐巴拉纳西国,国王是一个残忍的暴君。他有7个女儿,其中6个已分别嫁给了邻国的王子。他想把长得最漂亮的七女儿许配给宰相西纳告的儿子,以便在将来继承他的王位。可是七公主痛恨西纳告为非作歹的儿子,坚决不同意。最后她要求国王为她举行一次盛大的"赶摆",抛花环来选女婿,国王无奈之下只好同意了。

赶摆那天,台下站满了争当驸马的公子少爷,可是七公主丢出的花环竟然从台下贵族们的头上飞过,落到较远的看热闹的穷人顶上,落在一个相貌出众的小伙子头上,他的名字叫岩洪窝。国王很生气,决计害死他,想了许许多多的坏点子,都没有达到目的。最后,想出了一条毒计,他限定岩洪窝和另外6个女婿在7天以内各造一艘龙船来比赛谁划得快。国王想趁比赛之机把他撞死江中。比赛的时间到了,国王和6个女婿乘的都是大龙船,只有岩洪窝划的是一艘很小的龙船,在国王授意下几艘大船像箭一般地朝岩洪窝的小龙船驶来,要把他撞到海里去。可是,奇迹出现了,大船刚一碰到小船,江上顿时狂风大作,巨浪排空,把国王和6个女婿的大船掀翻了……小龙船却安然无恙。

原来是无力造船的岩洪窝曾到龙王那里请求帮助,小船是龙王所变。岩洪窝胜利了,为民除了一害。人们为了感激和纪念他,就在一年一度的傣历新年,举行划龙舟竞赛,一直延续至今。据说龙舟赛时,声声铓锣声就像在欢呼他的名字:"岩洪一窝"、"岩洪一窝"。如今,赛龙舟不仅成为傣族一种强身健体的体育比赛,还吸引着五湖四海的众多游客来一道观赏、共同欢庆。

14. 基诺过年"打大铁"

有过大年时"打大铁"的民族吗？古代各民族过大年，基本活动都是祭祀、庆祝，然后吃喝玩乐，没听说过从事劳动生产的。然而聚居在基诺山的基诺族却把"打大铁"作为过大年的重要内容。

基诺族把过年叫做"特懋克"，"特"为"打"之意，"懋克"为"大的铁"，即"打铁节"。过打铁节来源于一个神奇而优美的传说。在基诺族还没有使用铁器的时候，有个妇女长期怀胎而不生产。胎儿一直怀了九年零九个月才呱呱坠地。那婴儿一离开母体，便变成一个右手持锤，左手握钳的粗壮汉子，在寨子里安炉支砧，着手打铁。从此，基诺人才有了铁质工具，用上了铁刀、铁斧。基诺族为纪念铁器的创制及使用而开始过特懋克节，把它作为一年之始。特懋克节是基诺族最隆重、最盛大的节日。它虽然是基诺族全民性的节日，过去却没有固定节期，一般是在农历腊月，过节的具体时间各自为政，由各寨的长老"卓巴"拍板择定吉日。1988年后才将这个节日统一定为基诺族的年节，时间是每年2月6日至8日。

过特懋克节时，由家家户户凑钱给寨里买牛，举行剽牛仪式。

过节的第一天早晨，由寨内"卓巴"敲击供在他家楼上的大鼓，发出号令。穿戴一新的男女老少听到鼓声以后，立即涌向剽牛场参加剽牛。寨里人到齐以后，"卓巴"面对那头拴牢待剽的水牛诵念一段剽牛词，指挥人们剽牛。全寨成年男子，一人手持一根竹标，站在距水牛五六米外的地方，依次举标投向水牛，直到竹标扎入牛体，水牛受到重创以后，流出鲜血，人们才用刀宰杀它，然后剥皮分肉。牛肉要先分给寨内称为"七老"的头人，他们是卓巴、巴糯、卓色、色糯、可补、补糯、奶奴，然后再分给各户。

中午各户家长带上自家准备的酒、肉、菜肴到卓巴家参加祭大鼓。大鼓前的供桌上摆着铁匠使用的铁锤、铁钳，还有鸡毛、姜、芋头、鸡冠花、金盖花等物品。卓巴等"七老"依次而坐，卓巴诵念完祭词后，握锤击鼓，带领人们跳大鼓舞，唱迎新辞旧的歌。傍晚寨中"七老"相约到寨内各家祝贺，分别留在各户人家，一道吃晚饭。饭后，全寨男女在卓巴家汇集，听歌手唱送旧歌、迎新歌。男女青年在卓巴的竹楼附近载歌载舞，尽情娱乐，通宵达旦。

第二天，寨中人在"七老"的带领下，将一只事先捉好的竹鼠敬献给铁匠，表示对铁器创制人的敬重，然后簇拥着铁匠和铁匠的徒弟到卓巴家举行一次象征性的打铁活动。请铁匠现烧红一块铁，挥锤叮叮当当打上几锤，寓意已打好新刀、新斧，准备投入春耕生产。之后人们便尽情娱乐，或荡秋千、或打陀螺、或踩高跷。也可串寨访友，相互宴请，欢度节日。

近年欢乐的特懋克节已经声名远播，节日期间我们走进基诺山，看到中外游客、云集村寨。我们兴高采烈地观赏剽牛活动，欣赏基诺族青年男女跳大鼓舞、竹竿舞、踩高跷。更有趣的是主人与客人互动，一起唱歌、跳舞，共享节日的快乐。节日期间的基诺山，歌声不断，欢声雷动，酒肉飘香，呈现出一派幸福、兴旺、吉祥的景象。

三、"傣味"浓郁的名胜古迹

傣乡的村村寨寨遍布别具一格的佛寺、佛塔。同是佛教建筑，它与国内其他任何地方的建筑风格却不同，这是何故？因为这一教派属南传上座部佛教，它由缅甸传入，所以这些具有民族风格和宗教色彩的造型独特、美观的佛寺和佛塔在全国"仅此一家，别无分店"，它是傣族文化、中原文化和东南亚文化融汇而成的"傣味"，只有在傣族聚居区才能见到。

西双版纳的佛寺一般由佛殿、藏经室、僧舍、佛亭组成。佛寺建筑模式与汉传佛教的迥然不同，每个寺中一般只有一个佛殿，多为长方形，坐西朝东。佛殿一般为重檐多坡面顶。屋顶高耸，坡面多由三段相叠而成，中堂较高，东西两侧递减。屋脊上、屋檐上有大量孔雀、龙等装饰，屋脊中央是宝瓶。版纳著名的佛寺有西双版纳总佛寺、曼阁、曼短、曼春满等佛寺。

佛塔有的和佛寺在一起，有的单独建塔，一般都建在村寨中最显眼的地方，建筑造型与汉传佛教佛塔大相径庭。其基座多为折角"亚"字形或圆形须弥座，塔身由钟座、复钵等组成，浑厚有力，塔颈挺拔直刺蓝天，金属塔刹有如伞盖。整个造型巍峨秀丽，富于民族特色，有的塔由一座主塔和若干小塔组成一个塔群。版纳著名的佛塔有曼飞龙白塔、勐龙爷孙塔、曼磊佛塔、曼崩铜塔等。

西双版纳的园林建筑也有明显的"傣味"，从凉亭到走廊，从建筑形式到装饰风格都别具一格。比如春欢公园、热带花卉园、民族风情园、勐泐文化园、绿石林森林公园还有原始森林公园等。

1. 昔日的御花园——春欢公园

春欢公园是景洪城区历史最悠久的园林,约有上千年的历史,今天它是人人可进的公园,古代却是傣王的"私园"——御花园。之后御花园降格为封建领主和土司们游玩赏花之处。传说傣王妃来御花园游玩时,园中的美丽景色吸引了王妃的灵魂,因此取名春欢公园,傣语之意为"灵魂之园"。公园位于澜沧江与流沙河交汇处的曼听寨边,所以原称"曼听公园"。

古代西双版纳的最高统治者召片领(意为"广大土地的主人"),打算建游乐场所,就派一对青年男女奴隶,到此地栽花种果。这对夫妻在这里流下了不知多少汗水,把这片荒芜的土地建成了秀色可餐的花果园,建成了召片领赏心悦目之地。之后到花果园附近居住的穷人越来越多,形成了如今的曼听寨。这些人为了谋生专门为召片领栽花种果,将它建成了颇具规模的大花园。

后来统治西双版纳的宣慰使及其属员,每到四月十四这天,便到"春欢"花果园游玩,赏花品果,还通告附近村寨的青年男女必须到此表演歌舞,举行丢包活动,供统治者取乐。土司、头人们也趁机作乐,选美纳妾,或为公子少爷物色少奶奶。20世纪40年代末,这座宫廷花园几近荒芜。

现在的春欢公园占地面积400亩,一进大门在显要位置就看见一座高大的铜像,这是纪念周恩来总理1961年在景洪欢度泼水节的盛况,铜像塑造了周总理身着傣族服装,手端小盆参加泼水祝福的慈祥形象;铜像两侧是傣族群众载歌载舞的浮雕画面。

周总理铜像侧边是泰国公主当年访

周总理在景洪欢度泼水节铜像

问中国，在景洪停留时种下的两棵象征中泰友谊的菩提树及碑文。

春欢公园是一个在宫廷花园的废址上修建成的天然森林公园。园内林木翁郁，有近百亩"铁刀木"树，这种稀有树种，被傣族视为"神树"。园内既有地造天成的自然景观，又有人工培育的奇花异卉和园林建筑。20世纪80年代以后，公园将古河道改造为碧波荡漾的人工湖，给风光旖旎的园林更增添了靓丽。园内仿建了曼飞龙笋塔和景真八角亭，还建造了孔雀园、大象表演场、泼水场、露天歌舞表演场等场馆，使这个位于城边的公园成了人们观赏游玩的理想之地。

夜幕即将降临之时，走进春欢公园，园内的气氛似乎比白天更热烈，公园内的露天大广场的座位几乎座无虚席。原来是"澜沧江·湄公河之夜"篝火晚会即将开始。这是西双版纳近年推出的唯一一项夜间精品旅游活动。在晚会上我们观赏了精彩的中国、老挝、缅甸、泰国、柬埔寨、越南六国风情歌舞。

单边的观赏演出结束后，是双边的观众与演员互动演出。此时的游客更激动，伴随着象脚鼓和铓锣欢快的节奏，大家手拉手围着篝火悠然起舞。旺旺的篝火将天空映红，欢快的歌声响彻湖畔。无论男女老少，无论国内外游客，都不愿放过这个释放热情的机会，人们都以最真最纯的自我，享受快乐、享受这充满激情的"澜沧江·湄公河之夜"……

2. 西双版纳总佛寺

傣族佛寺寺外一般有较大的场地。四周种满大树、竹林，被浓阴覆盖。低矮的围墙，衬托着具有高大的屋顶、气势雄伟的佛殿，古色古香的牌坊式的大门和引廊，有的还有高耸挺秀的佛塔，构成一个独具民族特色的，充满宗教气氛的环境。

寺门一般为牌坊式建筑，面朝东方，建于高约一米的矮墙后面，寺门院墙的前后有两道平行的台阶。这种"牌坊"为三间两层重檐屋顶，造型和佛殿屋顶造型很统一。屋脊上装饰有火焰状、卷叶状和动物的陶饰。檐下的木板上绘有壁画，正中为大门，左右两侧两间各有用泥塑造的巨大的龙形支撑物"啦嘎"，似为守护寺院的神兽。

佛殿，傣语称为"维罕"。这是整个佛寺中最主要的建筑，是供奉本尊释迦牟尼念经和进行重要的宗教活动的地方，基本上是按东西方向布置，佛像也面向东方。这与汉族佛殿建筑横向的布置传统完全不同，大殿内只有一尊巨大的释迦牟尼佛像，没有像汉传佛寺有众多菩萨、罗汉形如众星捧月的热闹场面。

佛寺一般建于高0.52米的台基上，也有个别的佛寺建于更高的台上，这和寺的地位有关。

古代佛教从印度、缅甸等国传入中国，分为藏传佛教、汉传佛教（俗称大乘佛教）、南传上座部佛教（俗称小乘佛教）三大派系。由缅甸传入的南传上座部佛教进入云南就到此止步了，所以至今南传上座部佛教别具一格的佛寺、佛塔由此派生的其他建筑唯云南独有，走遍全国别无"分店"。

傣族是个全民信仰南传上座部佛教的民族，佛寺在教徒心中是最神圣的地方。西双版纳总佛寺，更是全体傣族景仰的地方。然而，古代这地方可不是所有佛教信徒随时都能来拜佛的地方，来这里拜佛的主要是西双版纳地区的最高统治者召片领及其土司头人，各地佛寺的主持有时也到此参拜、议经。"西双版纳总佛寺"顾名思义，它是西双版纳佛寺中等级最高的佛寺。目前，西双版纳的佛教信徒仍尊其为佛寺之首，寺中香火不断，香客不绝。

西双版纳总佛寺，傣语称为"洼巴洁"，坐落在景洪城区春欢公园后园南侧，与佛学院同在一个院内，还与春欢公园相通。

西双版纳总佛寺

总佛寺占地面积3000平方米，由佛殿、佛学院教学楼、"波苏"（莲花极顶亭）、僧房几个部分组成。佛寺大门一侧，有一间摆放大鼓的平房，房内墙上绘有称为《佛本生经》的连环画，供有数尊佛像。其中一尊佛像形象十分奇特，从肩背部伸出龙头状手臂7只，从后向前搂住头颅。

北边正中为佛寺的主要建筑大殿，占地面积为90平方米，殿宇约高7米，殿墙为乳白色。重檐状殿宇的屋脊正中有三座小塔，形成殿宇的最高之点。佛寺大殿门前的屋宇式门庭，殿门上方悬挂着前中国佛教协会主席、著名书法家赵朴初题写的"西双版纳总佛寺"匾额。殿内铺有红地毯，高高的大殿上方盖有荷花图案的顶板。殿厅南面是供奉佛像的两台基座。台基座的正中，供奉着一尊高2.5米的释迦牟尼佛金像。金像左右及前面，供奉着14尊小佛像。基座下台，还有9尊佛像。两台基座之间，摆满插有各色鲜花的花瓶。历史上总佛寺曾出过不少高僧，至今殿内还有高僧为信徒诵经忏悔赐福。

院落东边，种有二株高1米余的贝叶树。两树中间立有一碑，上书："泰王国僧王颂缘·帕映纳训旺智护尊者于一九九三年六月三十日法驾亲临西双版纳窟 跋洁总佛寺，种下两株贝叶树，以示中泰两国人民友谊及佛教交往万古长青。"落款为"佛历二五三六年"。院落西北边有1株菩提树是1995年泰王国诗琳通公主访问西双版纳时种下的。

如今总佛寺香火很旺，到西双版纳旅游观光的游客，也喜欢到寺中参观、拜佛。进佛寺参观要脱鞋。忌讳摸小和尚的头及佛像、旗幡等一系列佛家圣物。

3．造型独特的景真八角亭

景真寨旁的圆形山丘似一只爬着的乌龟，山顶部屹立着一座造型独特的傣式佛亭，这就是在全国都颇有名气的全国重点文物保护单位——景真八角亭。这座佛亭呈八角状，立于昔日勐景真王宫旁边，人们依其形状和所在地而称其为景真八角亭。当地傣族称为"波苏景真"。"波苏"意为"莲花之顶冠","波苏景真"就是景真莲花顶冠佛亭。

景真八角亭坐落在距勐海县城14公里的佛双公路旁,我们沿着一道石级攀上山丘顶的平台,平台正中是一座缅寺,大殿前是一座金色的傣式佛塔,奇异的景真八角亭就伫立在大殿之东。

景真八角亭

景真中心佛寺的始建时间有不同说法,据傣文史书《博岗》载:佛寺始建于傣历1063年(公元1701年);也有史料称始建于傣历1214年(公元1852年)。不论按何种说法算,它都是座建于清代的古寺。景真八角亭的建造时间应与寺同期。景真中心佛寺是当时一个片区的大佛寺,八角亭仅是寺内的一座附属建筑。有趣的是今天原来作配角的"景真八角亭"已闻名全国,而昔日"唱主角"的景真中心佛寺有多少人知道它?

景真八角亭的大名气不是炒出来的,是靠引进国外的款式,吸取众长,再别出心裁地设计取得的。它的建造者高僧厅蚌叫在建造前,曾专门到泰国、缅甸参观、考察亭塔的样式,他回到景真后又聘请了一位有名的普洱汉族工匠作技术指导才建成的。因为景真八角亭建成后美轮美奂,产生了轰动效应,所以还由此产生了神话传说。相传,景真的佛教徒希望仿照佛祖释迦牟尼戴的金丝台帽"卡钟罕",来建这座佛亭以纪念佛祖,而工匠没见过这帽子,当然不知它美在何处,于是教徒们烧了许多香,顶礼膜拜,他们的苦心感动了一位天神,把金丝台帽的图形刻在贝叶上降到了景真,终于建成了这举世无双的景真八角亭。

景真八角亭高15.42米,亭身分8个大面,31个小面,交汇为32个角，由亭座、亭身、刹顶三部分组成；室内立有释迦牟尼的铜像一尊。东南西北各开门户，正南门有木梯、石阶与地面相连。正门两侧各立着一头雄狮和一条神龙。亭的内壁有24面墙，用金粉绘制了各种花卉、动物图案，其间还镶嵌着多种形状的镜片。亭顶为八角形重檐，每个角10层别致的"人"字形屋檐，逐层收缩后成锥形尖顶，面铺平瓦，如鱼鳞覆盖。八个亭角上都塑有金鸡、凤凰和色彩鲜艳的异卉奇葩雕刻。亭顶端是莲花华盖及一杆风玲，微风吹过，一片悦耳之音。八角亭的8个角，代表帕召身边的8个高僧；亭上的4道门表示佛教传播四方。

景真八角亭是南传上座部佛教建筑中的一件精品，它吸收了东南亚建筑风格，又具有中国古代建筑的特点，它是傣族和汉族工匠智慧的结晶，也是古代西双版纳傣族建筑水平的一个标志。它造型美观，装饰华丽，工艺精湛，别具一格，具有较高的历史价值和艺术价值。我曾走遍傣乡从来没见过能与景真八角亭相媲美的佛亭。多灾多难的景真八角亭自始建至今，多次被损坏，经7次以上大的维修，1978年才按原风貌修复。

景真八角亭历史上曾是景真土司召集各地头人议事和僧侣决定重大事宜的"会议室"，也是和尚晋升佛爷举行仪式诵经的地方。

小山丘不高，从佛亭旁东南面却能看到山下那条碧水清流的流沙河，这片土地与傣族民间文学结下不解之缘。傣族著名的悲剧《葫芦信》，就发生在此，那水上漂来的葫芦信救了景真百姓，却使投信的南慕罕公主和她的丈夫召罕被活埋在八角亭附近。亭的西面是清波荡漾的景真湖，传说《召树屯》叙事长诗中的孔雀公主楠木诺娜，就是在这湖边遇上了王子召树屯，而给后人留下了优美的故事。

在景真佛寺与八角亭之间，有棵巨大古老的菩提树，挺拔的树干几个人才能合抱过来，蓊郁葳蕤，点缀了八角亭的绮丽风光。

八角亭现已成为勐海县的重要旅游观光点，一直吸引着众多的国内外游客前来观光。

4. 古老宏伟的曼飞龙笋塔

景洪市西南的勐龙镇距景洪市区约60公里，因其佛塔多、分布广、风格鲜明而被誉为"佛塔之乡"。这里有久负盛名的曼飞龙白塔，还有勐龙中心塔等古塔。曼飞龙塔，位于曼飞龙寨子后面，在一座平缓的小山冈上，很远就可看见一座洁白的佛塔在那里放射着银光。傣家称为"塔糯庄龙"，意思是笋塔中的"老大"。因为它通体洁白如雪，又称"白塔"。

从曼飞龙寨边跨过清幽的小河，登上石阶远望，在蓝天绿树衬托下，似一丛雨后破土而出的竹笋，白色的塔林在美丽如画、充满生机的大自然怀抱中，显得格外端庄、静穆、吉祥。

来到宏伟的群塔前，见过世面的先生们发现，他们眼前的塔很"另类"，简直就是一个"美丽的怪物"，与中原大地上无论哪种佛塔都毫无相似之处。一般塔大都分级数，全都是单个耸立，哪有如此

曼飞龙笋塔

"成群结队""托儿带女"一大群的？他们根本就没想到还有群塔这种模式，于是他们一致认定：这不是塔！

其实也不能怪他们少见识，哪怕他们跑遍全国也白搭，这类塔在全国仅云南一家独有。我向他们解释，由于傣族信奉的南传上座部佛教由缅甸传入，所以西双版纳众多的佛塔在结构和造型上深受泰国、缅甸等国建筑的影响，因而被称为"缅式塔"。同时傣族自古以来就与内地汉族和其他民族有着密切的交往，因而也接受内地汉文化的影响。融汇了多种文化的傣族，发展创造了一些具有本地区、本民族特点的新的建筑形式，造型奇特、美观的傣族佛塔就是多元

文化的产物之一。

曼飞龙白塔为砖石结构,立于一个近于圆形的须弥座上,基座高3.2米。主塔通高16.29米,塔身为3层重叠的覆钵组合,自下而上逐渐收分,每层之间的衔接处,均有圆环状仰莲雕饰,塔身上部为环状相轮,其上承托着葫芦形宝瓶、华盖。八座小塔分列八角,通高8.3米,座下设佛龛,龛内供佛像,佛龛券门为红底,上面饰有金色的花草云纹。高大的主塔好像一首交响乐中的主旋律,它辉映着八塔,形成一唱九回的节奏,十分赏心悦目。

洁白无瑕的塔身,圆形的覆钵、圆形的宝瓶、圆形的塔座和仰莲的弧形,组合成浑圆柔媚的意象,充分衬托出了南传上座部佛教包容、解脱、通达、浑成的佛旨和傣族善良、温和、柔情的性格。塔周边的围墙入口处雕塑的蛟龙也极富"傣味",与内地的龙大不相同,它并非腰细身长的蟒蛇形象,而是浑圆肥实,状如虎豹,龙首高昂,巨目圆睁,似哮似吼,极富情调。

曼飞龙塔始建于傣历565年(公元1204年,为南宋嘉泰四年),距今已有797年。传说曼飞龙白塔是3位印度高僧设计的,由大勐龙头人和高僧祜巴南比主持建造。俗话说"三个臭皮匠胜过诸葛亮",靠集体智慧,所以能建成当时最高水准的塔,直至现在它都是一座出类拔萃的佛塔。它一直是景洪游客上镜率很高的景点,如果当年对塔进行"选美"比赛,这座塔是大有夺冠希望的。近几年曾对该塔做过多次修葺,因其历史悠久、艺术价值高而被列为全国重点文物保护单位。

传说建造这座塔的过程颇为神秘。当年佛祖释迦牟尼来到大勐龙曼飞龙寨讲经传教,孔雀飞满了坝子,一派吉祥之气,当时曼飞龙寨名为"曼桂"。佛祖正在苦口婆心地讲经之时,曼桂人不知何故从山顶奔跑回村寨。佛祖十分生气,便指责曼桂为"曼尾龙",意为迅速下逃之寨。后来,也许人们认为不光彩,自行把"尾"字改为"飞"字,成为如今的曼飞龙。看来曼飞龙人已成为后世之师,这类事今天也不少,人们常常为多种原因给一个地方改名换姓,以扩大自身的知名度，比如本地山的名气大就跟山姓，要是水的名气大则跟叫水名。

之后，曼飞龙人为选塔址而争执不休时，佛祖便在山上落下一个足迹，示意人们在山顶修建佛塔。据说曼飞龙笋塔下深洞内的金足掌印，便是当年佛祖的足迹。

距金足掌印不远处还有眼泉井，传说释迦牟尼讲经时，天气很热，讲得口干舌燥，打发7个小伙子下山到寨子里挑水，一下把33口井都挑干了，佛祖就大显佛法，用禅仗在地上戳了一个3尺深的洞，这个洞就成了井泉，徐徐淌出水来。过去东南亚一带佛教信徒们，来到曼飞龙群塔前，总要向着那个填不满的脚印里丢上几个硬币，表示对佛的虔诚。传说，这井水可治眼疾，所以香客们还要带一葫芦泉水回去给亲人治病。其实，释迦牟尼未曾到过云南。这个传说，只是为了增加塔的神秘性而创造的，但它表现了傣家人对佛祖的景仰和对美好生活的祈愿。

每年泼水节时周边远远近近的傣家人，都要云集于此，在塔前举行盛大的"赕塔"（拜塔）仪式，相互泼水、追逐、祝福，跳舞欢庆傣历年。

5. 傣乡独有的井塔

初到傣乡的人见识过一两座缅式塔以后，往往以为自己是识塔的行家了，远远见到树丛中露出一个塔刹就会很牛地"指鹿为马"：这必是佛塔。等走到面前见到这井不井，塔不塔的建筑才傻了眼。于是一个说，这不是塔，是井；另一个说，这不是井，是塔。两种说法都对，都不对！应该叫"井塔"，傣语叫"塔南波"，"南"是水，"波"是井，意思就是"水井塔"。

傣族为什么要花这么大的工夫来装饰一口水井呢？

自古以来傣族是一个爱水、敬水的民族，对水的依恋，一往情深，周边是否有充盈的水是傣族建寨的首要条件，所以至今我们所见的傣族村寨，无一不傍水而居。水井是傣族村寨的重要组成部分，是人们活动的主要场所,尤其是早晨、中午、傍晚这三个时段,人们像成群的蝴蝶汇集在水井旁,热闹的水井旁成了傣族村寨亮丽的风景线。

把佛塔与水井连为一体与宗教信仰有关。在南传上座部佛教的偶像中,除了佛祖释迦牟尼外,往往还要会塑一位"婻妥纳妮"(土地神)的形象。这神是一位正在沐浴洗发的傣族美少女。傣家人以为圣洁的水是由大地之神"婻妥纳妮"赐给的,为了让生命的源泉永不枯竭,按照佛教的信仰修建了井塔。佛塔是仿照东南亚国家(有的作了改变)建的,但是我曾到过缅甸、老挝部分地方,却未发现带塔的古井,不知井塔是否由傣族首创,因我未能广泛深入地考察东南亚各国,所以不敢妄加判断。

傣族的井塔既实现了敬神的精神需要,又保障了水源清洁的实用目的,所以很快便在傣乡推广开了,凡有村寨必有水井,凡有水井必建井塔。有的寨大财旺,井塔建得美观豪华;有的寨小力薄,井塔建得简陋朴实。加之各地人们的审美观念不同,给予了设计者发挥想象力的广阔空间。所以今天我们走进傣乡可以大饱眼福,一个村寨与另一个村寨找不到两座完全雷同的井塔。各个井塔虽然"长相"各异,但是也有共性。井塔的结构与缅式塔相似,一般由塔座、塔身、塔刹组成。井塔较矮,一般高3米至6米,塔座底部直径在1.5米至2米多之间,也有塔座为正方形似亭阁等房屋状。塔身多为圆锥形、葫芦形或多边形等多种;多为独塔,也有群塔式。塔座和塔身多绘有彩图或浮雕。装饰内容为傣族的吉祥图案:塑巨龙,以示高贵;饰大象、孔雀以示幸福和吉祥。在雕

曼贺科井塔

龙画凤的空隙处，镶满许多大大小小、方方圆圆的镜子，放射出熠熠耀眼的光芒，远远看去，如同人间天堂般灿烂辉煌。走近井旁，令人产生一种神圣、纯洁的感受。

目前西双版纳井塔数量较多且耐看的是景洪市，其次是勐海县勐遮镇。景洪市的井塔又以勐龙镇最多最好，其次是嘎洒镇、勐罕镇（橄榄坝）。

橄榄坝历史上有众多美丽的水井建筑，近年由于自来水走进寻常百姓家，建造井塔的风气已不再盛行。现在留下的较有代表性的有三座。曼包宋村井塔据说已有六七百年的历史，是全镇资历最长的水井。曼法村井塔约建于清代。两口井近几十年已"退居二线"不再作饮用。曼贺科村井塔，始建于清末，现在还在"服役"。这是一个覆钵式塔座井罩，塔座上是两层圆雕仰莲台，葫芦形塔刹，金属刹杆。塔通高约6米，塔底直径约1.7米。塔座上开拱形井门。塔身饰有几何形图案，塔的色彩因多年未作涂饰已几乎褪为灰黑色，仅葫芦形塔刹仍可看出原来的金黄色，见证着它昔日金光灿灿的风采。这座塔位于大路边，井边十分热闹，不时有穿得花花绿绿的傣族女子来挑水。

水井除供人们饮食、洗涤外，井旁也常是泼水节时的活动场所，一次我在泼水节期间，就遇上人们在井旁排着长队打水浇灌水龙的壮观场面。

为保护水源不受污染，水井位置多在村头、寨旁，与村寨保持一定距离，有的井旁还修有排水沟。许多村寨还把饮用水井和洗物水井拉开一定距离分开建造。许多井塔，在其建筑物内壁的正面，都镶着一面大镜子，如同守护神一般，看着每个汲水人的行为和动作，提醒你千万别把脏水泼进水井里。

这里的傣族老人，把自己捐钱兴建水井作为人生对社会的一大贡献，这种习俗一直沿袭至今。在西双版纳经常会碰见全村人聚集在井旁搭建临时凉棚，杀猪宰牛、喝酒吃饭，共庆水井落成，纪念老人们留给子孙后代的一份永久的礼物。

四、奇异的住房　另类的美食

各地域民居建筑模式的形成都源远流长，大多与当地的气候、地貌等因素密切相关。自古代，西双版纳的少数民族就已经普遍使用干栏式建筑了。傣族竹楼，是我国现存最典型的干栏式建筑之一，造型古雅别致，居住清凉舒爽；基诺族的"长房"却似一道长廊……西双版纳的多种民族民居同属干栏式，建法却各不相同。

浩瀚无际的西双版纳绿洲里，生长着千百种珍稀植物和珍禽异兽，丰富多样的食物资源，给西双版纳人烹饪美食提供了丰厚条件，并形成了本民族独特的饮食文化习俗。

1．走进傣家竹楼

走进西双版纳的傣族村寨，最有诗情画意的就是在高大的椰树下、成片的翠竹丛中掩映着的一座座竹楼。这些玲珑别致的竹楼从外形看，就像张开翅膀的金孔雀，又似一顶巨大的帐篷，还似一顶古代的帽子。

竹楼的美丽形象让人遐想，由此引出了多种版本的关于竹楼起源的传说。

由于竹楼像一顶古代的大帽子，所以当地传说：当年诸葛亮到西双版纳的时候（至今未见这位智囊到过西双版

傣家竹楼

纳的史料），一个叫岩肯的青年向他请教，建造什么样的房屋能让傣家人住得更舒适，诸葛亮想了想便在地上插了几根筷子，然后将自己的帽子往上一放说：就照这样。

还有传说，有一位善良而聪明的傣族青年帕雅桑目底，很想给傣家人建一座房子，让他们不再栖息于野外，他几度试验，都失败了。有一天下大雨，他见一只卧在地上的狗，雨水顺着密密的狗毛向下流淌，突然受到启发，建了一个坡形的窝棚，即偏厦式的房顶。可是雨下得过大会漏雨，该怎么办呢？正当他一筹莫展时，一只凤凰飞来，落在他面前，低头垂尾，两翅微张似在向他示意。他立即悟出该把房屋建成似凤凰站立时低头垂尾、两翅微张的姿势，于是他建出了屋下有高脚，屋顶有四面坡的竹楼。这种屋被叫做"哄哼"，意为凤凰屋。后来又演变为"晃很"和"很"。这种房子属干栏式建筑，特别适合西双版纳炎热多雨的气候。

为什么傣家人都爱住竹楼不愿住平房呢？元代到云南做官的李京发现了原因，他在《云南志略》中说："金齿百夷……风土下湿上热，多起竹楼，居濒江，一日十浴。"因气候、地貌等因素的关系，所以在古代，干栏式建筑曾是中国西南少数民族中使用最普遍的建筑形式并非偶然。竹楼的妙用是下可避湿，上可避热，濒临江畔，还可一日十浴。干栏式建筑在中国其他的地区，现在已经很少了。在老挝北部虽然有一些类似的建筑，却比较简陋。

竹楼，顾名思义，是以竹为主要材料建造成的。傣族的竹楼一般用数十根大柱子做支撑主架，在离地2米多高处铺楼板。楼分上下两层，楼下无围墙，只拴牲畜、养家禽和堆放农具。楼上住人，上楼梯要先脱鞋子。竹墙缝隙较大，既可采光又能通风，所以一般竹楼都没有窗户。楼上是整个竹楼的中心，室内的布局很简单，一般分为堂屋和卧室两部分。堂屋即现代叫的"客厅"，堂屋设在木梯进门的地方，比较开阔，在正中央铺着大的竹席，是招待来客、商谈事宜的地方；堂屋的外部设有阳台和走廊，在阳台的走廊上放着傣家人最喜爱的打水工具竹筒、水罐等,这里也是傣家妇女做针线活的地方。堂屋内一般设有火塘,日夜燃烧不熄,在火塘上架一个三角支架,用来放置锅、壶等炊具,是烧饭做菜的地方。过去的屋顶用茅草铺盖,梁柱门窗楼板全部用竹制成。从堂屋向里走便是用竹围子或木板隔出来的卧室,卧室地上也铺上竹席,是一家老小休息的地方。整个竹楼非常宽敞,空间很大,也少遮挡物。

中国的建筑不仅汉族住宅等级森严,过去傣族住宅的等级也非常严格,而且还讲究辈分的差别,体现在竹楼的建造上也很明显。

官家竹楼宽敞高大,呈正方形,屋顶带三角锥状,颇像西方的哥特式建筑,用木片复顶。整个竹楼木柱多,而且木柱建在石墩上。官家竹楼堂屋很大,约有30平方米,能容纳一二十人就座。

百姓竹楼与官家竹楼相同,只是较为狭小,屋顶用茅草覆盖,还有几不准:木柱不准用石墩柱脚,不准用横梁穿柱,不准雕刻花纹。长辈住的竹楼与晚辈也不同,凡是长辈居住的楼室的柱子不能低于6尺,楼室比楼底还要高出6尺。房屋结构是梁上架檩,檩上架椽,不设人字架。这种房称"帕雅桑目底"式,显得异常宽敞明亮,竹楼的木梯也有规定,一般要在9级以上。晚辈结婚后另盖竹楼居住,新竹楼一般高度要低于长辈的竹楼,其次木梯也只能在7级以下,房屋结构是檩子全搭在人字架上,称"麻哈萨梯"式。

干栏式建筑形式在西双版纳的哈尼族、基诺族、布朗族中也常见。只不过各族的样式和功能划分有些区别。早期的竹楼以竹子为主要材料建造,现在已经很少见。近年,由于村民的收入增长,不少人建新房已改为木楼,茅草盖顶已改为木板盖顶或瓦顶;有的楼房上还开了玻璃窗,悬挂着美丽的窗帘,给古老的竹楼抹上了现代的色彩,又别有一番情趣。但要注意进入竹楼后,上楼须脱鞋;不能坐在火塘上方或跨过火塘,不能移动火塘上的三脚架,也不能用脚踏火;不能进入主人内室,不能坐门槛。

2. 基诺族"长房"赛长廊

走进基诺山亚诺寨,远远就看见一道"长廊"横在眼前,其实这并非长廊,它是基诺族的竹楼。我们已见过傣族小巧玲珑的竹楼,看到基诺族的竹楼,总觉得它怪怪的,长与宽完全不成比例。这叫什么房?它就叫"长房"。为什么这么长,因为它里面住着一个大家族,有十来家人。

早年的长房,高七八米,宽不过十来米,长度却有三四十米,甚至达五六十米,这长廊式房子,却有些似现代的单元楼,一幢楼分割为若干单元,只是楼层太矮罢了。大长房中曾经居住着若干个有父系血缘关系的小家庭,小家庭的个数越多,长房的长度就越长。大长房是父系氏族社会遗留下的"标本",村寨内有多少个父系氏族集团,就有多少幢长房。氏族的人丁是否兴旺,长房便传递了信息。

长房也属干栏式建筑,分两层,两层的结构与功能和傣族竹楼差不多,氏族成员集中居住在楼室内。传统的长房系竹木建筑,多以栗木为柱,竹板围墙,柱下垫石块,屋顶盖草排。长房两端各有一个用竹板铺设的阳台,阳台一侧设有一道登楼木梯。一幢长房占地百余平方米,数十棵栗木圆柱分排在长方形的宅基上。别看这种长房简陋,遇上大地震却是绝对比现代洋楼安全的"安居房",它的各个连接部分都是榫结构,柱、梁、檩、椽互相牵拉,遇七级地震也不易倒塌。

基诺族"长房"

楼室中间留有一条通道,通道中央设有一个高0.3米左右、宽1.5米的土台,土台上设有若干个火塘,每个火塘上摆有三块锅桩石或架有一个铁质三脚架。通道两侧是用竹板隔成的若干个居室,一个居室内住有一对夫妻。楼上居室以靠近前门一端为尊。右侧第一间是族长"卓勒"的住房;族长居室门前的火塘是长房火塘之首,称为总火塘。左侧第一间是氏族的神器屋,基诺语称为"阿六",摆有氏族神器和动物头骨,严禁孕妇进入,本氏族人员也不能在神器屋内住宿,但是可充当"招待所"让来访的客人暂住。其余居室按辈分和长幼次序分给各个小家庭居住。

长房的屋脊上,搭架着许多"x"形的竹架,它不是美化屋脊的装饰,它起着防止草排片被风吹翻的实用功能。其实基诺人并非不爱美,他们对长房的外观专门做了别具一格的装饰。长房的两端,挂有一串串用茅草编扎的耳环花;屋檐下,插着各色鸟羽、野兽骨骼和松鼠等小动物的尾巴,以显示本氏族的勇敢、勤劳,有丰硕的狩猎成果。

传统的长房一直保留至20世纪60年代。进入70年代以后,氏族共居的长房逐渐被单家独户居住的干栏式小木楼取代了,昔日的长房已成为历史遗迹。目前,整个基诺山乡,仅亚诺寨还保留着一幢建筑面积为300平方米,楼上排列着14间居室和14个火塘的长房供游客观赏。据老人说,过去亚诺寨曾经建造过一幢长度超过40米,居住着20余个小家庭,全家族多达128人的超级长房。

从前的基诺山,不仅有长房,还有一种基诺语称为"尼高卓"的公房。这种公房,一个村寨内建一幢,仍属干栏式竹楼,结构、形状都与长房相似,只是没有长房那样高大,占地仅几十平方米。公房专供娱乐,未婚青年男女常在公房内谈情说爱。然而,随着社会的发展,公房也和长房一样被人们遗弃。如今的基诺族山,有了电影、电视和卡拉OK厅。现代丰富多彩的文化生活,早已取代了公房娱乐,公房在基诺山仅留下了遗址。

3. 著名的普洱茶区

云南是世界茶树的原生地。普洱茶历史非常悠久,据最早的文字记载——东晋·常璩《华阳国志》推知，早在三千多年前武王伐纣时期，云南种茶先民濮人已经献茶给周武王，只不过那时"普洱茶"还没有命名。

西双版纳是中国著名的普洱茶的主要原产地。在西双版纳的茫茫森林中生长着很多古老的野生茶树，西双版纳各民族有着悠久的种茶和饮茶的历史。唐代樊绰的《蛮书》已有记载："茶，出银生城界诸山"，指的就是当时普洱府管辖区内的西双版纳的六大茶山。后世许多书都提及产茶的"诸山"，清代檀萃《滇海虞衡志》说："普茶名重于天下，出普洱所属六茶山：一曰攸乐（今基诺山），一曰革登，一曰倚邦，一曰莽枝，一曰蛮专，一曰慢撒，周八百里，入山作茶者十万人。"从中可见古代西双版纳境内的产茶地分布甚广，十万之众在采茶，可见规模之大，是否可称之为一个产业？历史上这六大茶山为主生产的茶叶经马帮驮到当时经济繁荣的普洱府进行集市贸易。普洱茶因为在普洱集散而得名，普洱又借"茶势"而声名远扬。历史上的普洱茶既不指某种茶树的种类，也不指种于今普洱境内的茶。现在普洱茶泛指普洱茶区生产的茶。普洱茶区指哪些地方？现在云南西双版纳傣族自治州、普洱市、临沧市、大理白族自治州、文山壮族苗族自治州等部分产茶地区及贵州、广西、广东等省的部分产茶地区，都属这一范围。

勐海县和勐腊县是著名的茶树原产地，境内生长着许多古茶树。勐海南糯山有800余年树龄的栽培型"茶树王"。此树高5.5米，主干直径达1.38米。

宋、明时期，是中原逐渐认识普洱茶的时期，普洱茶逐渐在经济贸易中崭露头角。

到清朝，西双版纳所产的茶以味酽、质优而深受欢迎，普洱茶开始走俏，"京师尤重之"。为讨万岁爷欢心，云南的官老爷们前赴后继让马帮不远万里把普洱茶作为贡品，驮到北京，当时每年运入京城的贡茶有数百担。皇帝发现是好东西，又作为国礼赐给外国使者。为加强对茶山的管理和便于贡茶的运送，于道光二十五年（公元1845年）从昆明经普洱至茶山（倚邦、易武）的崇山峻岭中修筑了一条由石板镶成的茶马道，宽约2米，长达数百公里。

至清末民初，名闻天下的普洱茶十分走俏，据清人柴萼《梵天庐丛录》载："普洱茶……产易武、倚邦者尤佳，价等兼金。品茶者谓：普洱之比龙井，犹少陵（杜甫）之比渊明（陶渊明）。"可见当时的普洱茶价值与价格之高。民国至抗日战争期间，普洱茶产销又创新高。

从抗战爆发直到20世纪70年代初期，云南的茶叶生产只重视红茶、绿茶，没有认真继承发扬普洱茶的优良传统，直到1975年才扭转了这一局面。

随着社会经济的发展和生活水平的提高，近几年来人们开始日益重视有强大保健功能和迷人口感的普洱茶。据科学研究发现，普洱茶确有许多值得众人青睐之处。它有多种医疗保健功效：可以降脂、减肥、美容、降压、抗动脉硬化、健齿护齿、去除口腔异味、护胃、养胃、醒酒、抗衰老、明目、防辐射，等等。它还备受老人和妇女宠爱，有"美容茶"、"益寿茶"之誉。

普洱茶属绿茶类，产品有散茶和紧茶两种。散茶外形条索粗壮、重实，色泽褐红。紧茶是把经过蒸软或炒软后的散茶装入模具内压制成各种形状的茶叶。多年来普洱茶创了许多著名品牌。七子饼茶是紧茶中老资格的名牌产品，是勐海茶厂生产的传统名茶。七子饼茶，为圆饼形，因每7个饼茶包装为一筒而得名。七子饼茶因汤色红黄明亮，香气浓郁持久，滋味醇厚爽口而著称于世。

饮普洱茶成为时尚，流行之势"出口转内销"，从南洋港台传至广东，返回云南，再迅速影响全国。一时间产品出现供不应求，价格狂涨猛升。于是乎，鱼龙混杂，假冒伪劣品也随之涌现。值得庆幸的是，普洱茶生产也借势得到大规模发展，传统的普洱茶加工工艺得到恢复。现在人们对普洱茶价值的认知、品质的认知正在趋于理性，价格也由大起大落趋于平稳。

今天走进西双版纳已不再是"六大茶山",茶园已成"大气候",遍布全州的千山万岭。茶树坡坡相连,似一条条绿色彩带绕山间。州内建了大、中、小各种规模、不同体制的诸多茶厂,研制了南糯曲茗、云海白毫、旋云茶、佛香茶等等若干种名茶、新茶。

群英荟萃的普洱名茶正走向世界,清香扑鼻的普洱名茶等着远方的客人品尝!

4. 怪诞的美味佳肴

西双版纳有"动植物王国"的美誉,可食用的物种资源丰富多样。傣族、拉祜族、布朗族僾尼人等食用的野生蔬菜种类达40多种。各民族形成了独特的饮食习惯和烹饪方法。傣味最具代表性的有:酸笋煮鱼(鸡)、香茅草烤鱼、香竹饭等;布朗族有烤山鼠肉、卵石鲜鱼汤、油炸花蜘蛛、蝉酱、包烧鲜鱼,等等。

景洪城东南角的曼景兰村寨中,有条著名的傣族风味食品街,热情好客的主人用酸、辣、苦、甜、香、脆的傣族风味食品款待客人,席间还可欣赏当地的歌舞表演。

竹筒饭与香竹饭

竹筒饭的煮饭器皿来自天然竹林,就地取材,竹筒既是碗,又是锅!

竹筒饭分为普通竹筒饭和香竹糯米饭两种。普通的竹筒饭,拉祜族、布朗族、基诺族、哈尼族都常烤食,大多见于野炊时自烹自食。烤竹筒饭,只需砍一节新鲜嫩竹,将米放在竹节内加水,然后放在火塘上烧烤焖熟,再剥去烧焦了的外皮,即可取出米饭食用。猎人们常将竹筒带饭砍成两半,各端一半食用。这种米饭包着一层白色竹瓢,带有竹子的清香,令人体会到一种独特的山情野趣。

香竹糯米饭,是用一种具有特殊香味的香竹"埋考澜"煮制而成。香竹属于禾本科竹类,杆细如酒杯,竹节长两尺有余,内壁黏有一层具有特殊香味的白色竹瓢。煮制香竹饭要选用当年长成的嫩竹,依节砍下，每段留一竹节。把提前泡软淘洗好的优质糯米，装入竹节，略加清水，然后用芭蕉叶塞住竹筒口，置于炭火或烤炉内用微火烘烤，至米饭接近熟时，竹筒就会自然爆裂，再继续烤至米饭熟透即可。食用时，用刀或木槌先轻轻槌打竹节，使米饭与竹子内壁松开，剥去竹片便可见一根白色的糯米"香肠"展现在眼前，晶莹柔软的米粒弥漫着香味，让人口生津液，胃口大开。

香茅草烤鸡与烤鱼

香茅草是一种用来提取香料的草本植物。把香茅草放进食物腹中烤的称夹心，反之为非夹心。烤鱼时，把鱼的鳞片去掉，用刀划开鱼肚，去掉肠肚杂物，洗净；将葱、姜、蒜、青辣椒、芫荽切细，与盐拌匀；把作料放进鱼肚里再合拢，用香茅草叶捆好，用竹片夹紧，放在火炭上烘烤。待八成熟时，抹上猪油，继续烘烤5分钟左右，即可食用。这种烤鱼具有香、酥、脆的特点，极能增进食欲。

烤鸡，把宰好的鸡洗净，放在火炭上烘烤至六成熟，然后把肉剔下来，用舂盐棒捶软捶碎。把预先切好的葱、蒜、芫荽、青辣椒、盐等拌在一起，捏成拳头大的一坨，用洗净的香茅草捆住，用竹片夹起来放在火炭上烘烤。肉烤熟后，再抹上猪油继续烘烤几分钟，去掉香茅草便可食用。这种菜肴香辣可口，味道鲜美，颇受欢迎。

还可以用香茅草烤黄鳝、烤竹笋等。

油炸青苔

青苔做菜，的确是版纳一怪。把青苔从江河里捞出来洗净后，压成薄饼，撒上细姜片、盐、晒成干青苔片。食用时，用剪刀把青苔片剪成巴掌大的小块，丢进油锅里煎黄捞出食用。油炸青苔既香脆，又有海味，是别具一格的傣族风味菜。

卵石鲜鱼汤

卵石鲜鱼汤的加温方式更属罕见！是僾尼人的特色菜，鱼汤鲜美味甜，而且具有烧石的干香味。制作时，将河中卵石取来洗净，放到火塘中烧红，又将烧红的卵石一个接一个地放入盛有清水和鲜鱼的锅内，直至水沸腾，鲜鱼汤便烧成了。

黄蚂蚁蛋

食黄蚂蚁蛋，可能也是当地的发明！黄蚂蚁生长在树上，蚁巢用树叶牵连成圆球形。黄蚂蚁蛋食用法有3种。凉拌：蚂蚁蛋用开水烫过和烧熟的番茄、葱、蒜、香菜、辣椒剁碎食用；蒸食：蚂蚁蛋和葱、姜、蒜、青辣椒拌匀后，用芭蕉叶包好蒸熟食用；烧汤：用番茄、香菜和蚂蚁蛋一起煮10分钟即可。是当地人喜爱的名菜。

烤竹鼠肉

竹鼠可不是一般的老鼠，它是西版纳特有的动物，生活在竹篷下面的洞穴里，靠吃竹根为生，行动缓慢。竹鼠有猫大，一般有四五十厘米长，比猫还肥，一只竹鼠，足有五六斤重。

烤竹鼠肉一般是把头去掉，洗净，抹上食盐，用竹板夹住，放在火炭上烤至六成熟，取下捣碎，把葱、蒜、芫荽、青辣椒等作料切细，同竹鼠肉一起放进盆里揉拌均匀，分成数块，用香茅草捆住，再用竹片夹好，放在火炭上烘烤至熟。淋上滚烫的猪油，即可食用。烤竹鼠肉，味道香甜、肉质软嫩、美味可口，是西双版纳山珍名菜之一，富有野味特点。

知了背肉馅

知了能做菜，又是一怪！知了，学名叫蝉。把知了的脚、翅膀去掉，洗净后，用刀划开背部。将洗净、剁细的猪肉、葱、蒜、辣椒及适量的酱油、盐拌好，塞进知了体内，再把知了的背合拢，用细篾绳捆好，放进油锅里煎黄，盛取即可食用。其色红光油亮、皮脆肉松、滋味香脆，别有风味，是傣家人的下酒菜之一。

5. 西双版纳土特产品

普洱茶

普洱茶主产于西双版纳傣族自治州及今普洱市等地，因历史上滇南等地的茶叶贩运到普洱集散，普洱茶因此而得名。

血竭

勐仑热带植物园采用石灰山季雨林中的龙血树,加工生产的"雨林牌"血竭胶囊,是云南名优新药,对跌打损伤、风湿痛风、妇科杂症具有较好的疗效。同时也是配制"七厘散"药品的主要原料。

热带水果

西双版纳的热带水果种类繁多,四季不断,主要有芒果、荔枝、龙眼、菠萝、柚子、菠萝蜜、西番莲、杨桃、西瓜、木瓜、番石榴等。菠萝蜜是西双版纳最大的水果,重可达30千克。

傣锦

傣锦是一种古老的纺织工艺,以织工精巧、图案别致、色彩绚丽、美观大方、坚固耐用和富有浓厚的民族风格而著称。有各种珍奇异兽的图案、五谷花卉的植物图案和几何图案等。每种图案的颜色、纹样都蕴涵着具体内容,如红绿颜色的筒裙都是为了纪念祖先,孔雀图案象征吉祥,大象图案象征五谷丰登。

黑陶

黑陶是傣族民间的传统手工制品,造型新颖别致,雕刻精细,图案古朴典雅,美观大方。用黑陶茶具泡茶,醇香之味保持长久。黑陶花瓶插花,有较好的保鲜作用。有坛、罐、壶、瓶、烟具、茶具、陶马、陶牛等数十个系列产品。

民族服装

西双版纳各民族的服装,丰富多彩,别具一格。近年根据游客的需求,州民族工艺品厂开发生产了几种民族服装。这些以传统布料、款式与现代布料、款式相结合,设计缝制出的民族特色鲜明的服装进入市场后,深受国内外游客喜爱,销路极好。服装种类有美观、素雅、简洁的傣族女装;有绣有各色图案、镶有银饰品的哈尼族、基诺族服装;有古朴的拉祜族、布朗族女装。

挎包与花包

傣族挎包也叫筒包,以各色线织成。包的正面、背面及侧面织有花卉鸟兽或几何图案,做工精细,包形小巧,民族特色鲜明,是深受游客喜爱的纪念性商品。

花包,本是丢包时男女传情、娱乐的玩具。现已成了小巧玲珑的独具民族特色的旅游纪念品。

传统木雕

传统木雕,多为佛像、神牛、金象,主要用于拜佛。现在扩宽了内容,有木象、木狮等动物,还有、人物、木手镯、木项圈等。根雕产品,一种是依树根原形加工制作成的神似或形似的动物、植物、建筑物等造型;另一种是绞杀植物气生根自然形成的各种天然造型,经人工修饰制成的艺术品。

蝴蝶装饰制品

制品主要有蝴蝶原形工艺品和以彩蝶为原料,拼贴制作的各民族人物造型、装饰蝶画。产品做工精细,小巧玲珑、色彩鲜艳美观,深受游客欢迎。

6. 西双版纳旅游指南

西双版纳的旅游景点是以景洪市为中心,分为市区、东线、西线、南线、北线。

市区主要景点分布:热带花卉园、春欢公园、民族风情园和曼阁佛寺。

东线主要景点分布:橄榄坝、勐仑植物园、补蚌望天树——空中走廊。由磨憨国家级口岸,出国门可到老挝跨境游。

南线主要景点分布:大勐龙曼飞龙白塔、勐龙爷孙塔、曼磊佛塔。

西线主要景点分布:景真八角亭、独树成林、打洛口岸风光,出国门可到缅甸小勐拉跨境游。

北线主要景点分布:原始森林公园、基诺山寨、野象谷、曼典瀑布。

出行前提示:版纳虽无冬季,但早晚与午间温差大,不可只带夏装,12月至次年2月宜备毛衣;5月至10月为雨季,须随身携带雨具。